이응곤 글·감수
대학과 대학원에서 지리를 공부하였으며, 고등학교에서 아이들과 함께 우리나라와 세계를 어떻게 바라볼 것인가에 관해 지리로 생각을 나누었습니다. 아이들이 어떻게 하면 지리 공부를 더 쉽고 재미있게 할 수 있을지 고민하면서 중학교 사회 교과서를 쓰기도 했습니다. 지금은 우리 아이들이 학교에서 행복하게 공부할 수 있도록 생각을 모으고 지원하는 일을 합니다. 이 책을 보는 아이들이 우리 마을, 우리나라를 사랑하는 데서 더 나아가 이 넓은 세계 곳곳의 자연 환경과 그곳에 살고 있는 사람들의 삶을 잘 알고 더불어 살아가는 세상을 이루었으면 좋겠습니다.

김성은 글·기획
오랫동안 어린이책을 기획하고 글을 써 왔으며, 요즘은 지리 책과 가치 책 만들기에 푹 빠져 있습니다. 그동안 《지도를 따라가요》,《우리 땅 방방곡곡》,《우리 땅 기차 여행》,《한강을 따라가요》,〈토토 지구 마을〉시리즈 들을 기획했고,《열두 달 지하철 여행》,《우리 모두 이웃이야》,《우리 땅 노래 그림책》,《지구촌 노래 그림책》,《마음이 퐁퐁퐁》,《그때, 상처 속에서는》,《그때, 나무 속에서는》,〈같이 사는 가치〉시리즈 들에 글을 썼습니다. 이 책이 어린이 여러분을 저 넓은 세계로 데려가 마음껏 꿈꾸고 상상하도록 도와주는 '꿈의 지도'가 되길 바랍니다.

한태희 그림
1997년 첫 번째 개인전 〈동화 속으로의 여행〉을 시작으로 20년이 넘도록 그림책 작업을 했습니다. 이미지 놀이, 착시 그림, 전통 무늬, 동서양의 옛이야기와 역사에 이르기까지 다방면에 관심을 갖고 공부하면서 《손바닥 동물원》,《휘리리후 휘리리후》,《구름 놀이》,《봄을 찾은 할아버지》,《으악, 쥐다!》,《대별왕 소별왕》,《열두 달 지하철 여행》같은 다양한 그림책을 쓰고 그렸습니다. 《우리 땅 기차 여행》에 이어 두 번째 지도 그림책을 작업하는 동안, 우리가 사는 이 지구의 다양한 모습을 하나하나 발견해 가며 커다란 놀라움과 기쁨을 느꼈습니다. 그 기쁨을 이제 독자 여러분과 함께 나누고 싶습니다.

일러두기
◆ 이 책에 나오는 기차와 유람선, 캠핑카 여행은 실제로 가능한 여행 일정에 상상력을 더해 구성하였습니다.
◆ 이 책의 지도는 컴퓨터 그래픽이 아니라 손으로 직접 그린 것입니다. 정확한 지도 축척에 맞추기보다는, 세계 곳곳의 지형을 하늘에서 내려다보는 것처럼 입체적으로 이해할 수 있도록 도움을 주고자 그렸습니다.
◆ 이 책의 지명 표기는 국립국어원 외래어 표기법에 따랐으며, 2017년에 개정된 외래어 띄어쓰기 규칙을 반영하였습니다.

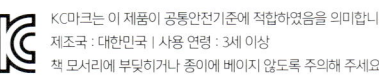

지식곰곰 03 입체 지도로 보는 세계 여러 나라
지도 펴고 세계 여행

ⓒ 이응곤 · 김성은 · 한태희, 2017
초판 1쇄 발행 2017년 9월 25일 • 초판 9쇄 발행 2025년 2월 20일 • 펴낸이 임선희 • 펴낸곳 ㈜책읽는곰 • 출판등록 제2017-000301호 • 주소 서울시 마포구 성지길 48 • 전화 02-332-2672~3 • 팩스 02-338-2672 • 홈페이지 www.bearbooks.co.kr • 전자우편 bear@bearbooks.co.kr • SNS Instagram@bearbooks_publishers • ISBN 979-11-5836-055-9, 978-89-93242-95-9(세트) • 편집 우지영, 우진영, 이다정, 최아라, 박혜진, 김다예, 윤주영, 도아라, 홍은채 • 디자인 김은지, 윤금비 • 마케팅 정승호, 배현석, 김선아, 이서윤, 백경희 • 경영관리 고성림, 이민종 • 저작권 민유리 • 협력업체 이피에스, 두성피앤엘, 월드페이퍼, 원방드라이보드, 해인문화사, 으뜸래핑, 문화유통북스

이 책은 저작권법에 따라 보호받는 저작물이므로 무단 전재와 무단 복제를 금합니다. 이 책 내용의 전부 또는 일부를 사용하시려면 반드시 저작권자와 출판사의 동의를 얻어야 합니다.

KC마크는 이 제품이 공통안전기준에 적합하였음을 의미합니다.
제조국 : 대한민국 | 사용 연령 : 3세 이상
책 모서리에 부딪히거나 종이에 베이지 않도록 주의해 주세요.

지식곰곰 03 입체 지도로 보는 세계 여러 나라

지도 펴고 세계 여행

이응곤, 김성은 글
한태희 그림

차례

🚆 **우람이와 아빠의 기차 여행** ◆ 04
남유럽 ◆ 06 | 서유럽1 ◆ 08 | 서유럽2 ◆ 10 | 북유럽 ◆ 12 | 산타클로스 마을 ◆ 14 | 러시아와 동부 유럽 ◆ 16 | 중앙아시아 ◆ 18
바이칼 호수 ◆ 20 | 동아시아 ◆ 22 | 베이징 ◆ 24

🚢 **예솔이와 할머니 할아버지의 유람선 여행** ◆ 26
북아프리카 ◆ 28 | 중·남부 아프리카 ◆ 30 | 세렝게티 초원 ◆ 32 | 서남아시아 ◆ 34 | 남아시아 ◆ 36 | 히말라야산맥 ◆ 38
동남아시아 ◆ 40 | 오세아니아 ◆ 42 | 대보초 ◆ 44 | 동아시아 ◆ 46 | 제주도 ◆ 48

🚐 **건이 온이네 가족의 캠핑카 여행** ◆ 50

북아메리카1 ◆ 52 | 북아메리카2 ◆ 54 | 뉴욕 ◆ 56 | 프레리 초원 ◆ 58 | 중앙아메리카 ◆ 60 | 남아메리카1 ◆ 62
아마존 열대 우림 ◆ 64 | 남아메리카2 ◆ 66

🌐 **더 가 보아요!** ◆ 68

북극 ◆ 68 | 남극 ◆ 69

🌐 **세계 지도 보는 법** ◆ 70

🌐 **찾아보기** ◆ 72

이 책의 지명 표기 방식

1. 기차, 유람선, 캠핑카 여행을 시작하는 첫 페이지에서는 나라 이름을 **진한 갈색**으로, 여행 중에 들르는 도시를 **파란색**으로 표시하였습니다.
2. 여행을 안내하는 첫 페이지를 제외한 그림 지도에서는 이 책의 특성상 국경선을 표시하지 않았으며, 나라 이름만 **붉은 테두리 상자**에 넣어 표시하였습니다. 수도 이름은 **붉은색**으로, 나머지 도시 이름은 **파란색**으로 표시하였습니다.
3. 강, 산, 호수, 섬, 만, 반도 등 대부분 지명을 **검정색**으로 표시하였고, 그중 주요 강이나 반도, 섬, 지역해, 평야 등은 좀 더 **큰 글씨**로 눈에 띄게 표시하였습니다.
4. 산맥과 고원, 사막처럼 큰 지형은 **사각형 문자**로 표시하였습니다.
5. 유적과 건축물, 국립 공원 등은 **가장 작은 검정 글자**로 표시하였습니다.

우람이와 아빠의 기차 여행

빠앙! 산타아폴로니아역으로 열차가 들어오자,
우람이가 씩씩하게 오르며 작별 인사를 해요.
"안녕, 리스본! 언젠가 다시 올게."
우람이와 아빠는 기차로 유럽 곳곳을 여행한 뒤,
시베리아 횡단 열차와 몽골 횡단 열차를 타고 중국의 수도 베이징까지 갈 거예요.
포르투갈 회사에서 일하던 아빠가 중국으로 옮겨 가게 되었거든요.
유럽의 서쪽 끝에서 아시아의 동쪽 끝까지 20일 동안 이어지는 기차 여행!
정말 멋질 거예요.

남유럽
에스파냐, 포르투갈, 이탈리아, 그리스

리스본을 떠난 기차가 **에스파냐(스페인)** 땅으로 들어섰어요. 창밖으로 올리브 숲이 끝없이 펼쳐져요. **포르투갈**, 에스파냐 같은 지중해 주변 지역에서는 올리브와 포도, 레몬이 많이 나요. 지중해 지역은 여름에 기온이 높고 비가 적어 과일이 잘 자라거든요. 또 지중해 지역은 따스한 햇살 덕분에 서늘한 곳에 사는 북부, 서부 유럽 사람들에게 휴가지로 인기가 많답니다. 지중해를 향해 툭 튀어나온 장화 모양 나라가 보이나요? 바로 **이탈리아**예요. 옛 로마 제국의 수도였던 로마에는 원형 경기장 콜로세움, 신들의 성전 판테온 같은 유적이 많이 남아

◆ 기후에 따라 다른 집 ◆

지중해 하얀 집 / 북극해 이글루 / 아프리카 진흙집 / 열대 지방 나무집 / 몽골 초원 천막집

있어요. 교황이 살고 있는 **바티칸 시국**도 로마에 있답니다. 인구가 1000명 정도밖에 되지 않는, 세계에서 가장 작은 나라지요. 멋진 자동차를 사랑하는 이탈리아 사람들이지만, 물의 도시 베네치아에서는 자동차를 만나기 어려워요. 섬 118개가 400여 개 다리로 이어진 도시라, 곤돌라나 수상 버스, 모터보트를 타고 학교도 가고 나들이도 가야 하지요. 지중해 동쪽 끝에는 신화로 유명한 **그리스**가 있어요. 2000년 전에 벌써 민주주의를 시작한 곳이자, 오늘날 4년마다 열리는 올림픽 대회를 처음 시작한 나라예요.

서유럽 1
프랑스, 스위스, 오스트리아

프랑스, 스위스, 오스트리아 등지에 걸쳐 높이 솟아 있는 산들은 알프스산맥이에요. 그중 가장 높은 몽블랑산 정상 쪽에는 빙하가 있고, 아래쪽에는 호수와 초원이 어우러진 아름다운 풍경이 펼쳐져요. 알프스산맥 서쪽에 있는 **프랑스**는 세계 문화의 중심지로, 세계에서 관광객이 가장 많이 찾아오는 나라랍니다. 수도 파리는 패션의 도시로 유명하고, 1889년에 세워진 높이 324미터의 에펠탑은 모르는 사람이 없을 정도지요. 그 밖에도 베르사유 궁전, 노트르담 대성당, 루브르 박물관을 비롯해 도시 전체가 볼거리로 가득해요. 국토가 절반 넘게 알프스산맥에 속해 있는 **스위스**에는 높은 산봉우리를 넘어 달리는 '빙하 특급 열

◆ 세계의 주요 산맥 ◆

차'가 있어요. 7시간 반 동안 다리 291개와 터널 91개를 지나 달리지요. 그런데 이름만 특급이지 실제로는 매우 느려서 '세상에서 가장 느린 특급 열차'로 불린답니다. 기차가 스위스를 지나 **오스트리아** 땅에 들어서자 아빠가 말했어요. "오스트리아는 모차르트, 슈베르트, 하이든 같은 음악가들이 태어난 나라지." "엄마가 좋아하는 모차르트 말이죠?" "맞아. 예전에 엄마랑 같이 빈 소년 합창단 공연에 갔던 거 기억나니? 오스트리아 수도가 바로 빈이야." "네, 목소리가 정말 곱고 예뻤어요."

프랑스와 바다를 마주하고 있는 섬나라는 **영국**이에요. 영국은 안개가 자주 끼고 비 오는 날이 많아서, 우산이 영국 신사들의 상징물이 되었지요. "굿 모닝(좋은 아침)!"이라는 인사말도 어쩌다 햇빛이 밝게 빛나는 아침이면 기분이 좋아 나누던 말에서 비롯되었다고 해요. 수도 런던에 가면 빨간 2층 버스가 골목골목을 누비며 템스강과 타워 브리지, 근위병 교대식으로 유명한 버킹엄 궁전으로 데려다줄 거예요. 템스강 변에 있는 영국 국회 의사당과 그 건물 끝에 있는 '빅벤'이라는 시계탑은 런던 하면 떠오르는 대표적인 풍경이지요. **독일**의 수도 베를린을 향해 달리는 기차 안에서 우람이가 물었어요. "아빠, 독일에 가면 맛

◆ 세계의 주요 언어와 사용 인구 ◆

중국어	약 11억 9700만 명
에스파냐어	약 3억 9900만 명
영어	약 3억 3500만 명
힌디어	약 2억 6000만 명
아랍어	약 2억 4200만 명

있는 소시지를 실컷 먹을 수 있다면서요?" 아빠는 허허 웃으며 대답해요. "그럼, 소시지 종류가 1500가지도 넘는다니 무얼 먹어야 할지 고민 좀 될걸." 베를린은 1989년에 도시를 동서로 나누던 장벽이 무너지면서, 냉전의 상징에서 평화의 상징으로 탈바꿈한 곳이랍니다. 독일 서쪽에 있는 **네덜란드**는 '낮은 땅'이라는 뜻을 지닌 이름처럼 바다보다 낮은 땅이 많아요. 그래서 둑을 쌓고 풍차를 이용해 바닷물을 퍼낸답니다. 이렇게 낮은 땅을 흙으로 메워 얻은 간척지가 곳곳에 많지요. 유럽의 작은 나라 중 하나인 **벨기에**에는 유럽 연합(EU) 본부가 설치되어 있어, 유럽의 수도 역할을 하고 있답니다.

북유럽
덴마크, 노르웨이, 스웨덴, 핀란드

노르웨이해
대서양
베스트피오르
송나피오르
트론헤임피오르
베르겐
트론헤임
하르당에르피오르
갈회피겐산 (2469m)
스카디나비아반도
스타방에르
노르웨이
스토르시왼호
스웨덴
비겔란 조각 공원
아케르스후스 요새
실리안호
오슬로
순스발
크리스티안산
스카게라크 해협
타눔 바위그림
북해
림피오르
베네른호
멜라렌호
벤시셀티섬
올보르
스톡홀름
이윌란반도 (유틀란트반도)
오르후스
베테른호
스톡홀름 시청
올란드섬
덴마크
무민월
엘링 고분
카테가트 해협
에스비에르
예테보리
이베르와 제도
오벤로
안데르센 박물관
핀섬 오덴세
로센보르 궁전
갈마르성
히우마섬
랑엘란섬
셀란섬
코펜하겐
욀란드섬
고틀란드섬
롤란섬
말뫼
사아레마섬
팔스테르섬 뮌섬
인어공주 동상
보른홀름섬
리가만
독일
발트해
로스토크
라트비아

우람이와 아빠는 독일 북쪽에 있는 로스토크 항구에서 배를 타고 핀란드 헬싱키로 향했어요. 이제 북유럽에 들어섰지요. 이곳은 북극이 가까워서, 여름에는 밤늦도록 해가 지지 않는 백야가 이어져요. 반면에 겨울에는 아침 9시에도 어둑어둑하고, 오후 서너 시면 해가 지지요. **노르웨이** 서쪽과 북쪽은 해안선이 왜 이렇게 들쑥날쑥 복잡하냐고요? 피오르가 많아서 그래요. 피오르는 오래전 빙하가 깎아 놓은 긴 골짜기에 바닷물이 들어와 생겨난 거예요. **스웨덴**에는 소나무처럼 잎이 뾰족한 침엽수 숲이 우거져 있어요. 이 숲에서 나는 나무로 목재와 펄프, 종이를 만들어 전 세계로 수출하지요. 스웨덴의 수도 스톡홀름에서는 해

◆ **피오르는 어떻게 만들어졌을까?** ◆

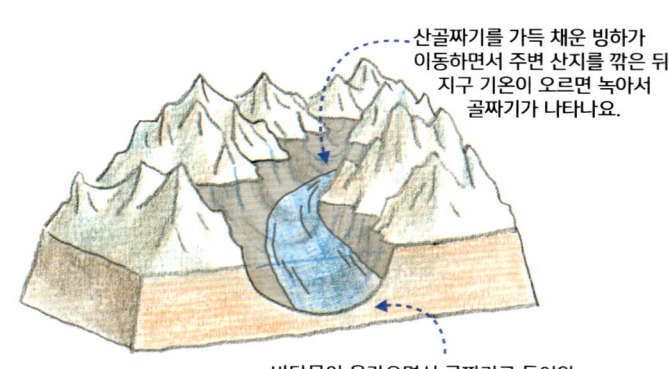

산골짜기를 가득 채운 빙하가 이동하면서 주변 산지를 깎은 뒤, 지구 기온이 오르면 녹아서 골짜기가 나타나요.

바닷물이 올라오면서 골짜기로 들어와 좁고 긴 피오르가 만들어져요.

마다 12월에 노벨상 시상식이 열리기도 해요. 독일 북쪽에 뿔처럼 삐죽 튀어나온 **덴마크**는 아이들과 친한 나라예요. '인어 공주', '성냥팔이 소녀'를 쓴 동화의 아버지 안데르센, 그리고 전 세계 어린이에게 사랑받는 '레고 블록'이 탄생한 나라거든요. 레고는 덴마크 말로 '잘 논다'는 뜻이라고 해요. 그런가 하면 **핀란드**는 '무민' 캐릭터를 탄생시킨 동화 작가 '토베 얀손'이 태어난 나라이자, 산타클로스 마을이 있는 곳이기도 해요. 북유럽 나라들은 자연 환경이 아름답고 복지 정책이 잘 갖추어져 있어, 세계에서 가장 살기 좋은 곳으로 손꼽히지요.

핀란드 산타클로스 마을

핀란드 북쪽 로바니에미에 있는 산타클로스 마을이에요.
하늘에는 아름다운 오로라가 춤추듯 펼쳐지고,
땅 위의 나무와 집은 온통 흰 눈으로 덮여 있어요.
저기, 마을에 뾰족하게 높이 솟은 지붕이 보이나요?
바로 산타클로스의 사무실이랍니다.
그곳에 가면 흰 수염을 길게 기른 산타클로스가
활짝 웃으며 어린이들을 맞이하지요.
산타 마을 도서관에는 전 세계 어린이들에 관한 책이 있고,
우체국에는 세계 곳곳에서 온 어린이들의 편지가 가득해요.
이곳에 도착한 편지는 나라별로 나눈 다음 산타클로스에게 전달되지요.
한글로 쓴 편지를 산타클로스가 읽을 수 있냐고요?
걱정 마세요!
여러 나라 요정들이 핀란드 말로 번역해 주거든요.

◆ 산타클로스는 어려운 이들에게 자비를 베풀었던 '성 니콜라스 대주교'에서 비롯되었다고 해요. 크리스마스이브에 순록이 끄는 썰매를 타고 선물을 주러 다니는 산타클로스는 미국의 신학자 클레멘트 무어의 시에서 처음 등장하지요.

◆ 산타클로스 마을은 북극이 시작되는 곳이에요. 북극을 표시하는 흰색 줄이 그어져 있어서, 그곳을 넘어가면 북극 땅이지요.

◆ 핀란드 땅은 3분의 1이 북극권에 속해서, 1년에 200일 이상 오로라를 볼 수 있는 곳도 있어요.

우람이와 아빠는 핀란드 헬싱키에서 다시 기차를 타고 **러시아**의 상트페테르부르크를 거쳐 수도 모스크바로 갔어요. 이곳에서 세계에서 가장 긴 철도인 시베리아 횡단 열차로 갈아탔지요. 러시아 서쪽의 모스크바에서 동쪽의 블라디보스토크를 잇는 시베리아 횡단 철도는 무려 약 9300킬로미터! 서울과 부산을 20번도 넘게 오가는 거리랍니다. 모스크바를 출발해 종착역에 도착하기까지 꼬박 일주일이 걸린대요. 어때요, 러시아가 우리나라 땅의 77배나 되는, 세계에서 가장 큰 나라라는 게 실감되지요? 러시아 서쪽에 있는 **헝가리, 폴란드, 몰도바, 우크라이나**는 매우 평평한 지역이에요. 기름진 평야가 드넓게 펼쳐져 있어,

◆ 세계에서 가장 면적이 넓은 나라 ◆

1. 러시아 — 1709만 8242㎢
2. 캐나다 — 998만 4670㎢
3. 미국 — 982만 6675㎢
4. 중국 — 959만 6961㎢
5. 브라질 — 851만 4877㎢

예부터 밀과 옥수수 같은 곡식을 많이 길렀지요. 그래서 별명이 '유럽의 곡물 창고', '유럽의 빵 공장'이랍니다. 폴란드 사람들은 영화, 음악, 미술을 비롯한 예술과 문화에 대해 자부심이 커요. 피아노의 시인 '쇼팽', 두 차례나 노벨상을 받은 '마리 퀴리'도 폴란드의 자랑이지요. 기차가 우랄산맥을 넘어갈 때 아빠가 물었어요. "이 산맥을 넘어가면 어디가 나올까?" "에이, 그대로 러시아 땅이잖아요." 우람이가 너무 쉽다는 듯 대답하자 아빠가 말했어요. "맞아, 하지만 대륙은 바뀐단다. 유럽에서 아시아 대륙으로 넘어가는 거지. 우랄산맥은 유럽과 아시아를 나누는 경계거든."

17

중앙아시아
우즈베키스탄, 카자흐스탄

기차는 가도 가도 끝이 없는 시베리아 땅을 달리고 있어요. 시베리아는 우랄산맥 동쪽에서부터 태평양까지 이르는 **러시아** 땅을 말해요. 시베리아 북쪽은 매우 추워서 겨울에는 영하 40도 아래로 내려가기도 하지요. 사람이 살기 어려울 뿐 아니라 나무조차 자라지 못해 꽁꽁 얼어붙은 땅 '툰드라'가 수천 킬로미터 펼쳐져 있어요. 또 툰드라 남쪽으로는 전나무 같은 침엽수들이 하늘을 향해 쭉쭉 뻗은 '타이가'가 끝없이 이어지지요. 이런 땅은 사람이 살기 어려우니 별 쓸모가 없어 보이지만, 사실은 석유와 천연 가스 같은 지하자원이 아주 많이 묻혀 있답니다. 기차가 지나가는 남쪽, 중앙아시아 지역에는 **우즈베키스탄**, 카

◆ 시베리아 횡단 철도 노선 ◆

자흐스탄, **타지키스탄**, **키르기스스탄**, **투르크메니스탄**의 다섯 나라가 있어요. 1991년 소련이 붕괴하면서 독립한 나라들인데, 서로 조금씩 다르면서도 비슷한 유목민 전통과 언어를 가지고 있어요. 오랜 옛날부터 동서양을 이어 주던 '비단길'도 이 지역을 가로질러 갔지요. "아빠, 그런데 나라 이름 끝에 왜 모두 '스탄'이 붙어요?" "페르시아어로 땅이나 영토를 뜻하는 말이란다. 카자흐스탄은 카자흐 족의 땅이라는 뜻이지. 참, 러시아나 우즈베키스탄 등지에는 '고려인'이라 불리는 우리 동포들이 많이 살고 있단다. 예전에 러시아 동쪽 연해주에 살던 동포들이 강제로 이주당한 아픈 역사가 있거든."

시베리아 바이칼 호수

시베리아의 얼어붙은 땅에도 여름이 되면 자작나무가 출렁이고,
잠깐 동안이지만 들판에는 수많은 꽃들이 피어나요.
그 속에 시베리아가 숨겨 놓은 진주, 바이칼 호수가 있어요.
우리나라 서울 땅의 50배가 넘는 면적에,
세계에서 가장 오래된 호수이자 가장 깊은 호수예요.
'풍요로운 호수'라는 뜻의 이름답게, 바이칼 호수에는
1500여 종의 동물과 1000여 종의 식물이 살고 있어요.
여름이 되어 꽁꽁 얼어붙었던 얼음이 녹으면
물속 40미터 깊이까지 훤히 보일 만큼 맑고 깨끗한 호수랍니다.

◆ 바이칼 호수는 약 2500만 년 전에 땅이 갈라지면서 생긴 호수예요. 지금도 1년에 3000번 넘게 지진이 일어나면서 해마다 2센티미터씩 넓어지고 있어요.

◆ 바이칼 호수는 '성스러운 바다', '시베리아의 진주', '시베리아의 푸른 눈' 같은 멋진 별명이 많이 붙어 있어요.

◆ 바이칼 호수는 이 지역에 살고 있는 다양하고 희귀한 동식물의 가치를 인정받아, 1996년 유네스코 세계 자연 유산으로 지정되었어요.

동아시아
몽골
중국

울란우데에서 출발한 몽골 횡단 열차가 러시아와 중국 사이의 드넓은 초원을 지나가요. **몽골**은 바다와 멀리 떨어져 있기 때문에, 비구름이 발달하지 못해 비가 적게 내려요. 나무는 살기 어렵고, 짧은 풀이 가득한 초원이 넓게 펼쳐져 있지요. 몽골 사람들은 오래전부터 물과 풀을 찾아 양과 말을 몰고 다니는 유목 생활을 했어요. 그래서 '게르'라는 이동식 천막집을 짓고 살았지요. 보통은 지름 4~5미터 정도 크기지만, 수백 명이 들어갈 만큼 큰 게르도 있대요. 남쪽으로 달리다 보면 이번엔 몽골 남부에서 중국까지 이어지는 고비 사막이 나타나요. 이곳에서 일어난 흙먼지가 봄철이면 우리나라로 날아와 황사를 일으키지요. 세계

◆ 세계에서 인구가 가장 많은 나라 ◆

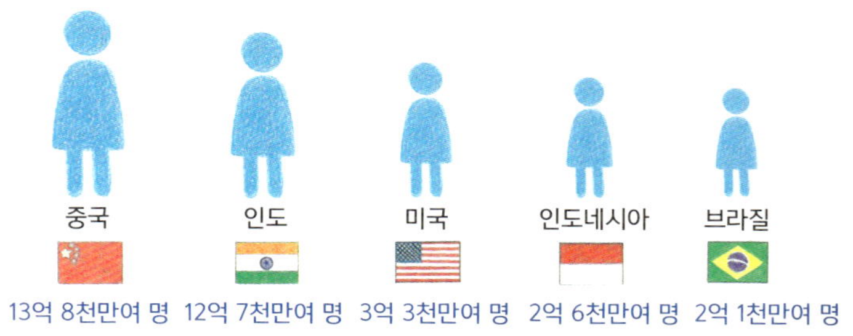

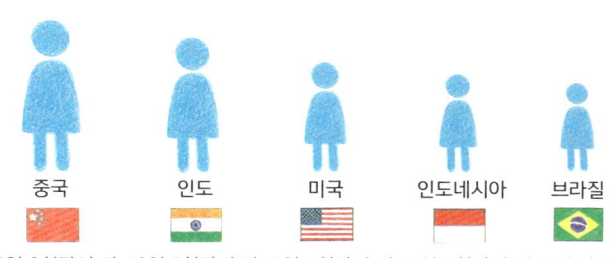

중국	인도	미국	인도네시아	브라질
13억 8천만여 명	12억 7천만여 명	3억 3천만여 명	2억 6천만여 명	2억 1천만여 명

　에서 네 번째로 큰 나라 **중국**은 한마디로 다채로워요. 큰 사막과 푸른 초원, 높은 산지와 넓은 평야를 모두 볼 수 있고, 냉대에서 열대까지 모든 기후가 나타나지요. 중국은 서쪽이 높고 동쪽이 낮아서, 황허강같이 큰 강들이 동쪽으로 흐르면서 해안에 드넓은 평야를 만들어 놓았어요. 그래서 예부터 중국은 농산물을 많이 생산하는 나라였지요. 지금은 세계 인구의 약 20퍼센트를 차지하는 엄청난 인구와 풍부한 지하자원을 바탕으로 공업 국가로 빠르게 발전하고 있답니다. 우리나라뿐 아니라 전 세계에서 쓰는 수많은 물건들이 중국에서 만들어지고 있어, '세계의 공장'이라 불리지요.

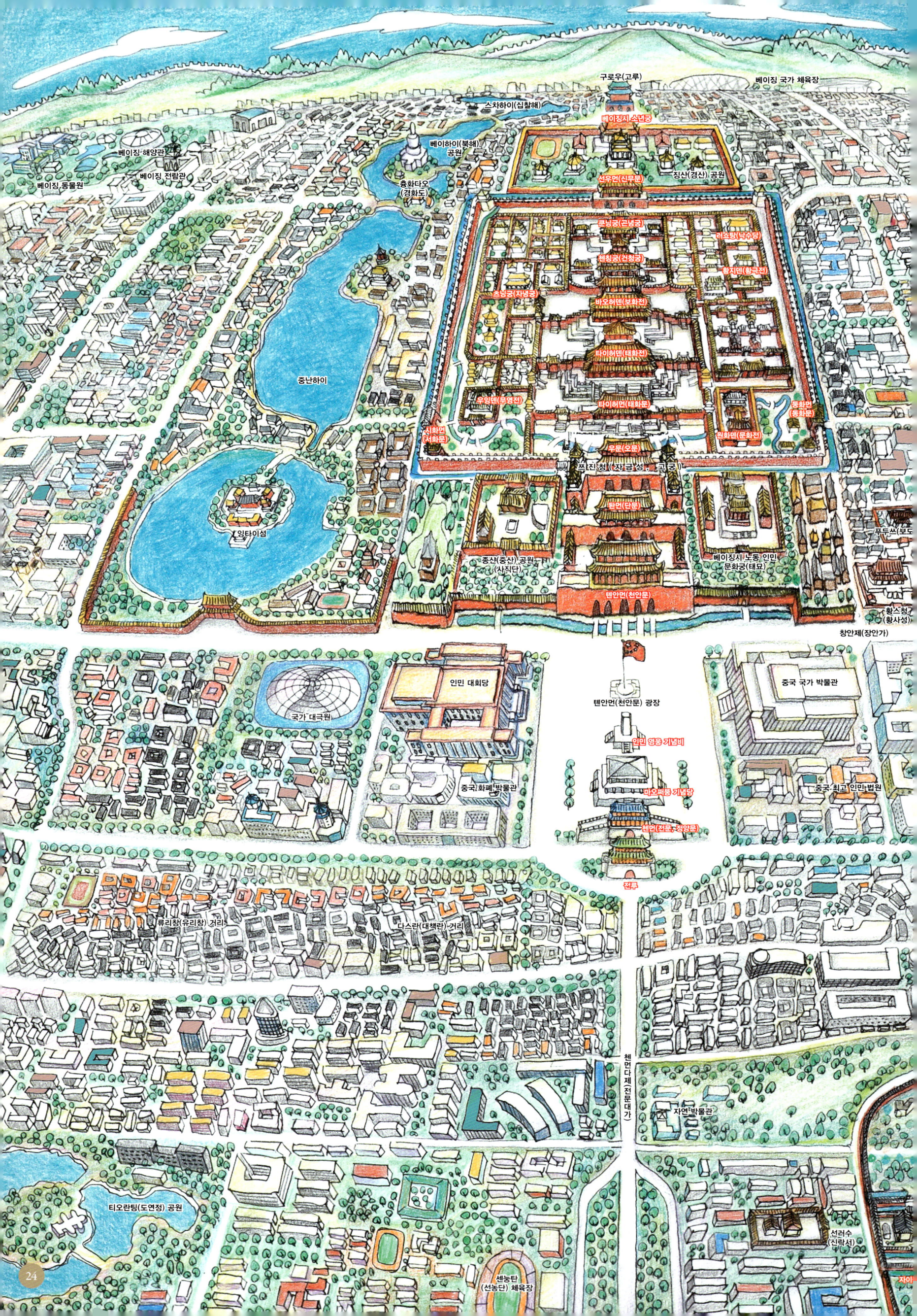

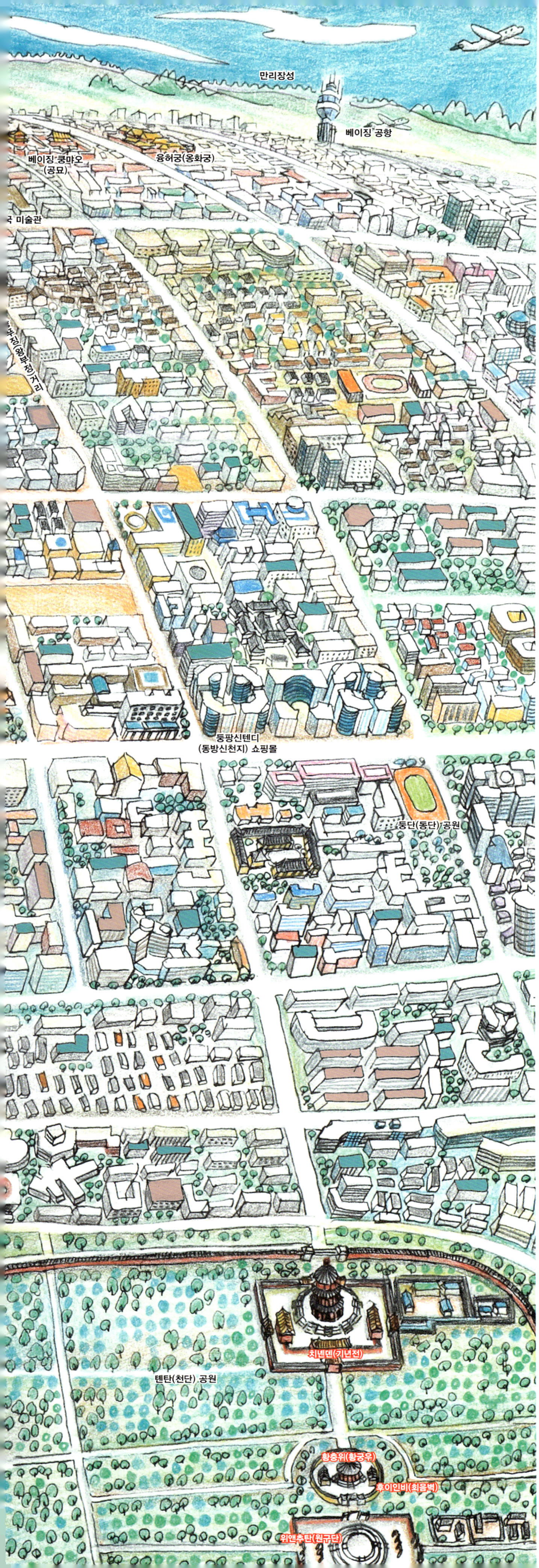

중국의 수도 베이징

베이징은 700년을 훌쩍 뛰어넘는 긴 세월 동안 중국 역사와 문화의 중심이 되어 온 도시예요. 베이징 한복판에는 옛날 황제들이 살았던 자금성이 있어요. 건물만 해도 800여 채, 방은 자그마치 9000개 가까이 된다니, 세계에서 가장 큰 궁궐답죠. 자금성으로 들어가는 천안문 앞 광장은 100만 명이 모일 수 있을 만큼 엄청나게 넓답니다. 베이징 북쪽에는 그 유명한 만리장성이 있어요. 이웃 나라의 침략을 막기 위해 쌓은 성으로, 가파른 산을 넘고 깊숙한 계곡을 지나 사막까지 3000킬로미터 가까이 이어지지요. 성벽의 높이도 평균 9미터! 그 옛날 사람의 힘만으로 어떻게 그렇게 엄청난 성을 쌓았는지 참 신기하고 놀라워요.

기차는 어느덧 종착역인 베이징역으로 들어서고 있어요.

카사블랑카를 출발한 배가 북아프리카 서쪽 해안을 따라 항해하고 있어요. 아프리카는 지금의 인류가 처음 나타난 곳으로, 지금은 54개 나라에 수천 개의 종족이 살고 있어요. 종족마다 쓰는 언어도 달라서, 아프리카 전체에서 사용되는 언어는 1000가지가 넘지요. 그래서 같은 나라 사람들끼리도 말이 통하지 않는가 하면, 한 사람이 서너 개의 언어를 유창하게 쓰기도 해요. 아프리카에서 가장 인구가 많은 **나이지리아**는 종족 수가 300개가 넘는다고 하지요. 아프리카 사람들은 대체로 나라보다 종족에 더 큰 소속감을 느끼는 편이라고 합니다. 북아프리카 대부분 땅을 차지하는 사하라 사막은 세계에서 가장 넓은 사막이

◆ 세계에서 가장 긴 강 ◆

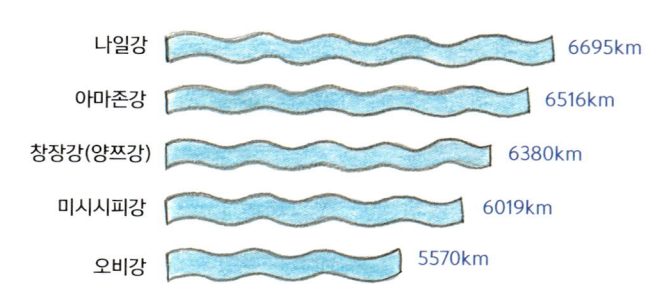

나일강 — 6695km
아마존강 — 6516km
창장강(양쯔강) — 6380km
미시시피강 — 6019km
오비강 — 5570km

에요. 비가 거의 내리지 않고 몹시 뜨거워서, 사람들은 지하수가 솟아나는 오아시스 가까이에 모여 살지요. 사막 하면 흔히 끝없이 펼쳐진 모래 언덕을 떠올리지만, 사실은 그렇지 않아요. 사하라 사막도 모래는 약 20퍼센트뿐, 나머지는 온통 자갈과 바위로 덮여 있거든요. 국토의 거의 대부분이 사막인 **이집트**에서는 사람들이 나일강 주변에 모여 살아요. 특히 나일강이 지중해와 만나는 곳에는 삼각형 모양의 기름진 땅이 펼쳐져 있어, 이곳에서 수천 년 전에 이집트 문명이 탄생할 수 있었지요. 수도 카이로 가까이에서는 돌로 쌓은 거대한 왕의 무덤 피라미드와 이를 지키는 스핑크스를 볼 수 있어요.

중·남부 아프리카
남아프리카공화국, 마다가스카르, 케냐

대서양

기니만
적도기니 — 말라보
상투메프린시페 — 상투메
가봉 — 리브르빌
로페오칸다 국립 공원
우방기
콩고 — 푸앵트누아르, 브라자빌
콩고강
킨샤사
콩고 분지
카사이강
살롱가 국립 공원
콩고민주공화국
루안다
앙골라
잠베지강
음부지마이
에토샤 국립 공원
오카방고강
잠비아 — 루사카
나미브 모래 바다
나미비아 — 빈트후크
쵸디로 바위그림
오카방고 삼각주
빅토리아 폭포
카리바호
짐바브웨 — 하라레
막가딕가디 소금 호수
보츠와나 — 가보로네
칼라하리 사막
오렌지강
프리토리아
요하네스버그
모잠비크
남아프리카공화국 — 블룸폰테인
스와질란드 — 음바바네
레소토 — 마세루
발강
마푸투
림포푸강
타바나엔틀레냐나산 (3482m)
드라켄즈버그 산맥
희망봉 — 케이프타운
더반
포트엘리자베스

아프리카는 남쪽으로 갈수록 땅이 높아지고 산도 많아요. **남아프리카공화국**은 금과 다이아몬드 같은 지하자원이 풍부해서, 아프리카에서 가장 잘사는 나라가 되었어요. "넬슨 만델라 대통령의 나라, 맞죠!" "그래, 예솔이도 아는구나. 남아프리카공화국에서는 유럽에서 이주해 온 16퍼센트의 백인들이 84퍼센트의 유색 인종을 오랫동안 차별했지. 백인이 아니면 원하는 직업을 맘대로 선택할 수도, 선거를 할 수도 없었단다. 또 백인과 유색 인종은 서로 결혼도 할 수 없고, 같은 버스나 공공시설을 이용할 수조차 없었지. 그러다 넬슨 만델라 대통령과 여러 사람들의 끈질긴 노력으로 마침내 이런 차별 정책이 없어졌단다." 배가

◆ 세계의 주요 섬 ◆

뉴기니섬 78만 5753㎢
보르네오섬 74만 8168㎢
그린란드 213만 800㎢
배핀섬 50만 7451㎢
마다가스카르섬 58만 7713㎢

아프리카 남쪽 끝 희망봉을 돌아 인도양으로 나아가자, **마다가스카르**가 나왔어요. 세계에서 네 번째로 큰 섬인데, 아프리카 대륙에서 400킬로미터 넘게 떨어져 있어 특이한 동식물이 많지요. 여우원숭이는 50종이 넘고, 《어린 왕자》에 나오는 바오바브나무도 이 섬에 가장 많답니다. 아프리카 대륙 북쪽으로 더 올라가면 초원에 우뚝 솟은 킬리만자로산이 보여요. '하얗게 빛나는 산'이라는 이름답게 산꼭대기 봉우리가 1년 내내 눈과 빙하로 덮여 있어요. 킬리만자로산이 있는 **탄자니아**와 **케냐**에는 야생 동물의 천국인 세렝게티 국립 공원과 마사이마라 국립 보호 구역이 서로 이어져 있답니다.

아프리카 세렝게티 초원

세렝게티는 '끝없는 평야'라는 뜻으로, 긴 풀이 우거지고
나무가 듬성듬성 서 있는 사바나 초원이에요.
얼룩말과 누, 톰슨가젤 같은 초식 동물들, 그리고
이를 노리는 사자와 자칼, 하이에나 같은 육식 동물들이 살지요.
세렝게티의 계절은 쉴 새 없이 비가 이어지는 우기와
비가 거의 오지 않는 건기로 나뉘어요.
우기가 끝나고 풀이 마르는 건기가 시작되면,
수백만 마리의 초식 동물들이 물과 먹이를 찾아
먼 북쪽 땅으로 떼 지어 이동해요.
강을 건너다 악어들에게 목숨을 잃어도 포기하지 않고
끝없이 이어지는 초식 동물들의 대이동은
자연이 연출하는 가장 아름답고도 안타까운 장면이랍니다.

◆ 세렝게티 국립 공원의 면적은 약 1만 5000제곱킬로미터로, 북쪽으로는 마사이마라 국립 보호 구역이, 남쪽으로는 응고롱고로 보호 구역이 이어집니다.

◆ 건기에 이동하는 초식 동물들의 수는 무려 200만 마리가 넘어요.

◆ 드넓은 사바나 초원을 자동차로 여행하며 야생 동물을 관찰하는 '사파리' 여행을 위해 이곳에 전 세계의 관광객이 몰려들어요. 사파리는 스와힐리어로 '여행'이라는 뜻이지요.

배가 지나고 있는 서남아시아에는 사우디아라비아와 이란, 이라크, 카타르 같은 나라가 있어요. 흔히 '중동'이라고 일컫는 지역이에요. 아시아와 유럽, 아프리카를 잇는 다리 역할을 하는 지역이라, 동서양의 다양한 문화가 뒤섞여 있지요. 그리스도교, 이슬람교, 유대교가 처음 생겨난 곳이지만, 지금은 대부분 사람들이 이슬람교를 믿는답니다. **사우디아라비아**가 있는 아라비아반도는 땅 대부분이 사막으로 덮여 있어요. 끝없이 펼쳐진 모래사막 위로 줄지어 걸어가는 낙타를 만날 수 있지요. **이란**도 국토의 절반 이상이 사막인데, 기온이 섭씨 50도 넘게 올라가기도 해요. 하루 종일 찜질방에 있다고 상상해 보세요. 정말

◆ 세계에서 석유가 가장 많이 묻힌 곳 ◆

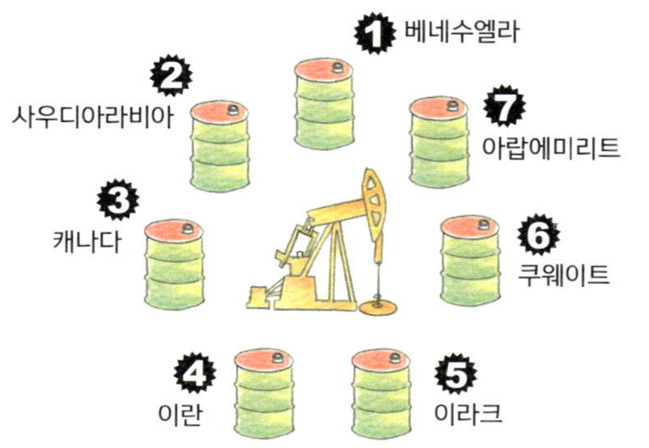

❶ 베네수엘라
❷ 사우디아라비아
❼ 아랍에미리트
❸ 캐나다
❻ 쿠웨이트

❹ 이란
❺ 이라크

덥겠죠? 그런데 이곳엔 검고 끈적거리는 보물이 숨겨져 있어요. 바로 석유예요! 세계 석유의 절반 이상이 묻혀 있어서, 사우디아라비아와 **쿠웨이트**, **아랍에 미리트**는 석유를 수출해 부자가 되었지요. 특히 아랍에미리트의 두바이는 사막 위에 세워진 초고층 빌딩 도시로 유명해요. "예솔아, 석유는 땅에서 만들어질까, 바다에서 만들어질까?" 할머니가 묻자 예솔이는 자신 있게 대답했어요. "땅이요! 사막에서 많이 나오잖아요?" "아니, 바다란다. 석유는 바닷속 죽은 플랑크톤이 오랜 세월 동안 쌓여서 만들어지거든. 석유가 나온다는 건 그곳이 먼 옛날에는 바다였다는 증거지."

고깔모자를 뒤집어 놓은 것 같은 나라가 보이나요? 남아시아의 대부분을 차지하고 있는 **인도**예요. 인도에는 12억 7000만이 넘는 사람이 사는데, 인구가 늘어나는 속도도 엄청나게 빨라서 곧 중국을 따라잡을 것으로 예상하고 있어요. 인도는 첨단 산업이 빠르게 발전하고 있는 나라이기도 해요. 특히 대도시 뭄바이를 중심으로 한 영화 산업은 미국 할리우드를 넘어설 만큼 규모가 커서 '볼리우드'라는 이름으로 불린답니다. 인도는 불교와 힌두교가 처음 생겨난 곳인데, 오늘날엔 대부분이 힌두교를 믿어요. 힌두교도들은 소를 신성하게 여겨서 쇠고기를 먹지 않고, 갠지스강에 몸을 담그면 죄를 깨끗이 씻을 수 있다고 믿지요.

◆ 세계의 주요 종교 ◆

인도에서 시작된 **불교**

인도에서 시작된 **힌두교**

이스라엘에서 시작된 **기독교**

사우디아라비아에서 시작된 **이슬람교**

인도의 양옆에 있는 **파키스탄**과 **방글라데시**는 원래 인도와 한 나라였어요. 그러다 인도가 영국의 식민 지배에서 벗어나 독립할 때, 이슬람교를 믿는 사람들도 인도에서 독립해 파키스탄을 세웠지요. 그리고 같은 이슬람교도지만 민족이 달랐던 동파키스탄이 독립하여 방글라데시를 세웠어요. 인도 북쪽의 히말라야 산맥 주변에는 세계에서 가장 높은 봉우리 10개 중 8개가 몰려 있는 산악 국가 **네팔**이 있어요. 히말라야 등반에 나서려는 모험가들이 세계 곳곳에서 몰려들지요. 네팔은 불교의 창시자 석가모니의 고향이기도 해요.

세계의 지붕 히말라야산맥

하얀 눈을 머리에 이고 있는 거대한 산봉우리들.
네팔, 인도, 중국, 파키스탄, 부탄의
다섯 나라에 걸쳐 있는 히말라야산맥이랍니다.
8000미터가 넘는 산봉우리가 무려 14개에 이르니,
역시 '세계의 지붕'이라 할 만하지요.
세계에서 가장 높은 8848미터의 에베레스트산도
이곳 히말라야산맥에 있어요.
에베레스트산은 매우 가파르고 눈사태도 잦아요.
많은 사람들이 정상에 오르려 도전했지만 거듭 실패하다가,
마침내 '에드먼드 힐러리'라는 뉴질랜드 사람과
네팔인 셰르파(등산을 도와주는 사람) '텐징 노르가이'가
세계 최초로 에베레스트산 정상에 올랐지요.
한국인 최초로 에베레스트산 정상에 오른 고상돈은
첫 무전으로 "여기는 정상, 더 오를 데가 없다."는 말을 남겼답니다.

- '히말라야'는 '눈의 집'이란 뜻으로, 고대 산스크리트어에서 온 이름이에요.

- 히말라야를 넘는 고개는 보통 높이가 4000미터가 넘어요.
  11월부터 이듬해 5월까지는 눈이 많이 내려 고개를 넘기 힘들지요.

- 에베레스트산 이름은 이 산의 높이를 처음 잰 영국인 '조지 에버리스트'의 이름에서 따왔어요. 티베트어로는 '세계의 어머니'란 뜻의 '초모룽마', 네팔어로는 '하늘의 여신'이란 뜻의 '사가르마타'라는 이름이 붙어 있어요.

동남아시아는 적도가 한가운데를 뚫고 지나가는 지역이라 대부분 열대 기후에 속해요. 하지만 여름과 겨울에 '몬순'이라고도 부르는 계절풍이 불어오는데, 그중 뜨겁고 비를 많이 뿌리는 여름 계절풍 덕에 벼농사를 짓기가 아주 좋아요. 이곳에서는 1년에 두세 차례 벼를 수확할 수 있어서, 예부터 사람들이 많이 모여 살았지요. 특히 메콩강 주변에는 넓은 평야가 이루어져 있는데, 그중에서도 **캄보디아**와 **베트남** 남쪽, 바다와 맞닿는 곳에 있는 메콩 삼각주는 세계적인 쌀 생산지랍니다. "할머니, 베트남 쌀국수가 그래서 유명한가 봐요!" "그렇지, 쌀이 많이 나니까 국수도 밀가루가 아니라 쌀로 만들어 먹는단다." 예솔이

가 탄 배가 코끼리 코처럼 길쭉한 말레이반도 옆을 지나고 있어요. 말레이반도 끝에는 **싱가포르**가 있는데, 아주 작은 도시 국가지만 동남아시아에서 가장 부유한 나라예요. 동양과 서양을 잇는 세계적인 무역항도 있지요. 동남아시아에는 크고 작은 섬들이 아주 많아요. **인도네시아**에는 무려 2만 개에 가까운 섬이, **필리핀**에는 7천 개가 넘는 섬이 있어요. 섬이 많으면 배를 탈 일도 많을 테니, 뱃멀미가 심한 사람은 아무래도 두 나라에 살기 힘들겠죠? 또 동남아시아에는 **타이** 푸껫, 인도네시아 발리, 베트남 다낭처럼 아름다운 바닷가 휴양지가 많이 있답니다.

오세아니아
오스트레일리아, 뉴질랜드

오세아니아는 오스트레일리아와 뉴질랜드, 그리고 태평양과 인도양 사이에 흩어진 수천 개의 섬으로 이루어져 있어요. 다른 대륙과 멀리 떨어져 있어 캥거루나 코알라 같은 독특한 동물들이 살고 있으며, 아름다운 자연 환경이 잘 보존되어 있어요. **오스트레일리아(호주)** 는 땅이 매우 넓지만 사람이 살기 어려운 불모지나 반사막이 대부분이에요. 사람이 거의 살지 않는 이런 내륙 오지를 '아웃백'이라고 하지요. 지하수가 나오는 내륙의 건조 지역에는 엄청나게 큰 목장들이 있는데, 여기서 키우는 양이 자그마치 1억 마리가 넘는다고 해요. 사람 수보다 양의 수가 훨씬 많지요. 오스트레일리아 사람들은 주로 따뜻하고 평야

◆ 세계 여러 나라의 대표 동물 ◆

오스트레일리아 - 캥거루
중국 - 판다
캐나다 - 비버
케냐 - 기린
브라질 - 아나콘다

가 넓은 남동쪽 해안에 모여 살아요. 오페라 하우스로 유명한 시드니와 멜버른, 브리즈번 같은 큰 도시가 모두 바닷가에 있어요. 오스트레일리아는 세계에서 여섯 번째로 큰 면적에 비해 인구는 우리나라의 절반도 채 되지 않아서, 인구 밀도가 세계에서 가장 낮은 나라 가운데 하나랍니다. **뉴질랜드**는 성격이 확 다른 두 개의 섬으로 이루어져 있어요. 화산 활동으로 생긴 북섬에는 화산과 온천이 많고, 남극에서 떨어져 나온 남섬에는 빙하가 많답니다. 태평양에 있는 **투발루** 같은 섬나라들은 지구 온난화로 나라가 점점 물에 잠기고 있다니, 정말 큰일이지요.

오스트레일리아 대보초

대보초는 세계에서 가장 큰 산호초 지역이에요. 영어로는 '그레이트배리어리프'라고 하지요.
오스트레일리아 북동쪽 해안을 따라 파푸아뉴기니까지, 수천 개의 산호가 길게 이어져 있어요.
대보초에는 아주 다양한 물고기와 연체동물, 해조류가 어우러져 아름다운 바다를 이루지요.
바닷속에 들어가면 아름다운 산호초와 알록달록한 물고기들을 실컷 볼 수 있답니다.
운이 좋으면 거대한 바다거북을 만날 수 있을지도 몰라요!

◆ 대보초는 1981년에 유네스코 세계 자연 유산으로 지정되었어요.

◆ 대보초는 길이가 2000킬로미터가 넘고, 폭이 가장 넓은 곳은 2킬로미터에 이르러요.

◆ 산호초는 햇빛이 풍부하고 수온이 높은 열대 바다에서 많이 자라요.

동아시아
일본, 대한민국

일본은 아시아 동쪽에 활처럼 길게 늘어선 섬나라예요. 혼슈·규슈·시코쿠·홋카이도의 커다란 4대 섬과 수천 개의 작은 섬으로 이루어져 있지요. 일본은 지진이 자주 일어나는데, 1년에 1000번이 넘게 땅이 흔들린다고 해요. 그래서 일본의 건물들은 지진에도 잘 견딜 수 있도록 설계되어 있고, 주민들도 지진에 대비하는 훈련이 잘 되어 있답니다. 그럼에도 2011년에는 엄청난 지진해일이 덮치고 원전 사고가 일어나 큰 피해를 입었어요. 일본에는 화산도 많아요. 200개가 넘는데 그중 80여 개는 언제 폭발할지 모르는 활화산이에요. 일본 사람들이 신성하게 여기는 후지산도 약 300년 전에 폭발한 적이 있는 화산이랍니다. 일

◆ 지진이 자주 일어나는 지역 ◆

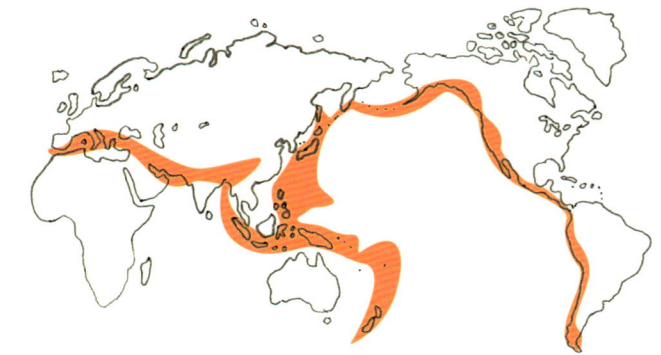

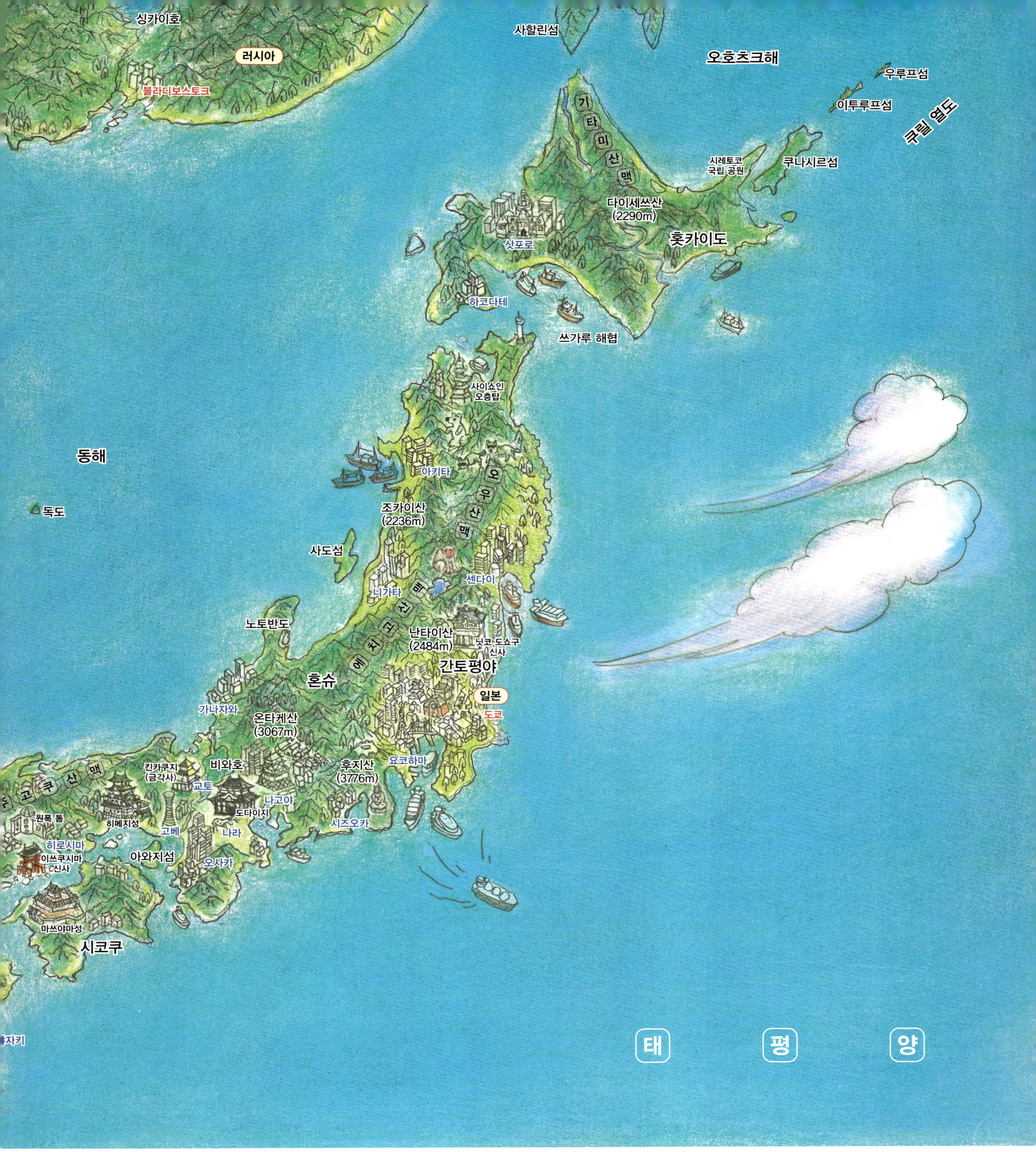

본은 땅의 열을 이용해 에너지도 만들고, 온천을 개발해 관광 산업을 발전시켰어요. 그뿐만 아니라 뛰어난 기술로 자동차와 전자 제품을 잘 만들어 세계적인 경제 대국이 되었답니다. 공업 지대는 동쪽 바닷가를 따라 발달했는데, 무역항을 통해 외국에서 원료를 수입하고 제품을 수출하기 편리하기 때문이지요. 예솔이가 탄 배가 규슈를 지나 제주도로 향하고 있어요. 우리나라 **대한민국**은 아시아 대륙 동쪽 끝에 툭 튀어나온 반도 국가예요. 북쪽은 중국 땅과 맞닿아 있고 동·서·남쪽은 바다로 둘러싸여 있지요. 안타깝게도 지금은 남과 북으로 갈라져 있는, 세계에서 유일한 분단국가랍니다.

대한민국 제주도

제주도는 우리나라에서 가장 큰 섬이에요.
섬 한가운데 우뚝 솟은 한라산,
해돋이가 아름다운 성산일출봉과 수많은 오름들,
만장굴을 비롯한 신비로운 용암 동굴과 주상 절리, 천지연 폭포…….
이렇게 자연 풍경이 독특하고 아름다워서,
우리나라뿐만 아니라 세계에서 많은 관광객들이 찾아오지요.
배는 미끄러지듯이 서귀포항으로 들어와 서서히 멈춰 섰어요.

건이 온이네 가족의 캠핑카 여행

건이 온이네 가족은 캐나다 밴쿠버에 살고 있어요.
이번에 사진작가인 아빠가 촬영 여행을 떠나는데,
온 식구가 함께 가기로 했어요. 멋진 캠핑카를 타고 말이죠.
캐나다를 출발해 미국과 멕시코를 거쳐 브라질, 아르헨티나,
칠레를 여행하면서 아메리카 대륙 남쪽 끝까지 갈 거예요.
"우리 캠핑카 여행은 처음이지? 진짜 기대된다!"
온이 말에 건이도 가슴이 두근거려요.

캠핑카 타고 밴쿠버에서 푼타아레나스까지

북아메리카
캐나다, 미국

베링해 **러시아**
베링 해협
세인트로렌스섬
보퍼트해
멜빌

브룩스산맥
뱅크스섬
아문센만
빅토리아

유콘강
포큐파인강
미국
데날리산(6194m)
블랙번산(4996m)
테나나강
클론다이크강
매켄지산맥
매켄지강
그레이트베어호

브리스틀만
알래스카반도
앵커리지
알래스카산맥
로건산(5959m)
그레이트슬레이브호

코디액섬
알래스카만
리어드강
헤이강
우드버펄로 국립공원
애서배스카호

코스트산맥
피스강
애서배스카강

로키산맥

그레이엄섬
모스비섬
톰슨산(3954m)
에드먼턴
캐나다

워딩턴산(4019m)
프레이저강
새스커툰
서스캐처원강

밴쿠버섬
밴쿠버
캘거리

빅토리아
베이커산(3286m)
헤드스매시드 버펄로사냥 절벽

태평양
시애틀
컬럼비아강

캐나다 서쪽에는 웅장한 로키산맥이 길게 뻗어 있고, 동쪽에는 육지 쪽으로 움푹 파인 허드슨만이 있어요. 동쪽 지역에는 설탕단풍나무가 많아서, 그 수액으로 달콤한 메이플 시럽을 만들어 먹지요. 캐나다 국기에 그려진 빨간 잎이 바로 설탕단풍나무 잎이랍니다. 미국과 이어지는 남부의 평원에서는 어마어마한 규모로 밀 농사를 지어요. 캐나다 사람들이 다 먹고도 남아서 세계 여러 나라로 수출하지요. 캐나다는 오스트레일리아처럼 넓은 땅에 비해 인구가 적은 편인데, 대부분 미국과 맞닿아 있는 남쪽 끝에 모여 살아요. 북쪽은 북극과 가까워 겨울이 길고 엄청나게 춥기 때문이지요. 밴쿠버, 토론토, 오타와, 몬트리올

◆ 세계 사람들이 날마다 먹는 주식 ◆

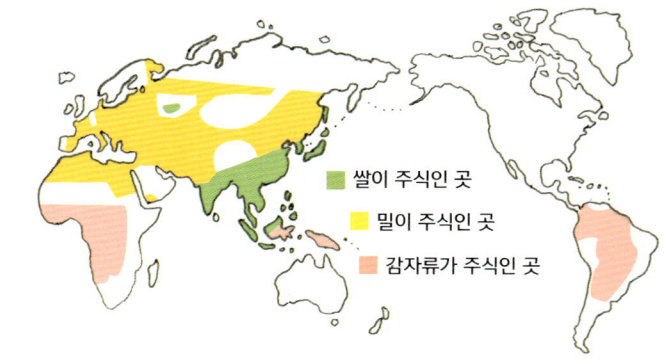

● 쌀이 주식인 곳
● 밀이 주식인 곳
● 감자류가 주식인 곳

같은 주요 도시들도 대부분 남쪽에 있어요. 캐나다에는 영국계 주민이 가장 많아서 주로 영어를 사용하지만, 프랑스계 주민이 대다수를 차지하는 퀘벡주에서는 프랑스어를 많이 사용하지요. 캐나다 북서쪽에 툭 튀어나온 땅이 보이나요? '이누이트' 또는 '에스키모'라는 원주민으로 잘 알려진 알래스카예요. 1867년에 **미국**이 러시아로부터 헐값에 사들일 때는 쓸모없는 땅을 구입한다며 반대하는 목소리도 컸지만, 오늘날엔 풍부한 지하자원과 아름다운 자연으로 매우 사랑받는 땅이 되었답니다. 건너네 캠핑카가 다섯 개의 커다란 호수 오대호를 지나서 미국 땅으로 들어서고 있어요.

북아메리카 2
미국, 멕시코

미국은 원래 아메리칸 인디언이 살던 곳이었어요. 그런데 유럽인들이 옮겨 와 나라를 세우고 영국으로부터 독립하면서 오늘날의 미국이 되었답니다. 미국 서부에는 캐나다에서부터 이어진 로키산맥이 길게 뻗어 있어요. 콜로라도강이 깎아 놓은 대협곡 그랜드 캐니언, 그리고 땅에서 뜨거운 물이 솟아오르는 옐로스톤 국립 공원도 있지요. 태평양 바닷가에는 서부 최대 도시인 로스앤젤레스와 샌프란시스코가 있어요. 로스앤젤레스는 우리나라 이민자들이 가장 많이 사는 곳이며, 이곳에 있는 할리우드는 세계 영화의 중심지랍니다. 2억 명이 넘게 다녀갔다는 동화의 나라 디즈니랜드도 가까이 있지요. 샌프란시스코 남동부에 있

◆ 미국의 거대 도시 지역 ◆

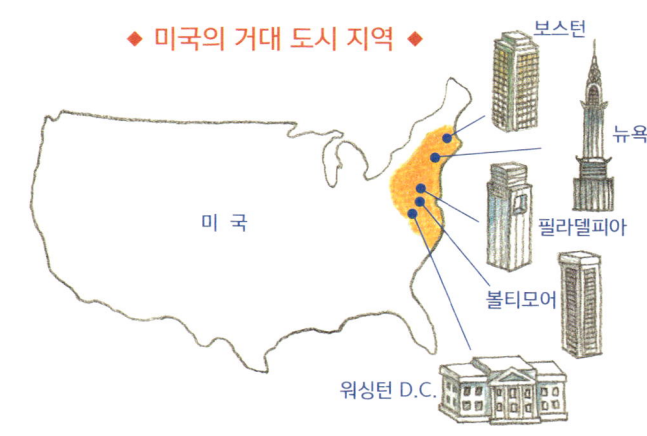

는 실리콘 밸리는 반도체, 컴퓨터 관련 산업이 모여 있는 첨단 기술 연구 단지로 유명해요. 미국 동부에는 미국의 수도 워싱턴 D.C.가 있어요. 뒤에 붙은 머리글자는 '컬럼비아 특별구(District of Columbia)'를 뜻하지요. 미국의 첫 대통령 '조지 워싱턴'의 이름을 따서 늪지대에 건설한 도시예요. 이곳에는 대통령이 사는 하얀 집 백악관과 국회 의사당이 있지요. 워싱턴 북쪽으로는 볼티모어, 필라델피아, 뉴욕, 보스턴 같은 대도시들이 길게 이어져 있어요. 미국 전체 국토의 2퍼센트도 되지 않는 면적에 인구의 약 20퍼센트가 모여 살고 있지요. 이 대도시들을 아우르는 지역을 '메갈로폴리스'라고 한답니다.

미국 최대의 도시 뉴욕

미국에서 가장 큰 도시 뉴욕이에요.
뉴욕항에 들어서면 리버티섬에 있는 자유의 여신상이 햇불을 높이 들고 사람들을 맞이하지요.
허드슨강과 이스트강이 양옆으로 길게 흐르는 맨해튼섬은 뉴욕의 중심지예요.
엠파이어 스테이트 빌딩, 록펠러 센터처럼 하늘을 찌를 듯 높은 건물들이 빽빽하고,
세계에서 가장 큰 증권 거래소와 금융 회사들이 모여 있거든요.
또 1952년 동쪽 이스트강 가에 국제 연합(UN) 본부가 들어서면서,
뉴욕은 국제 정치의 중심지가 되었답니다.

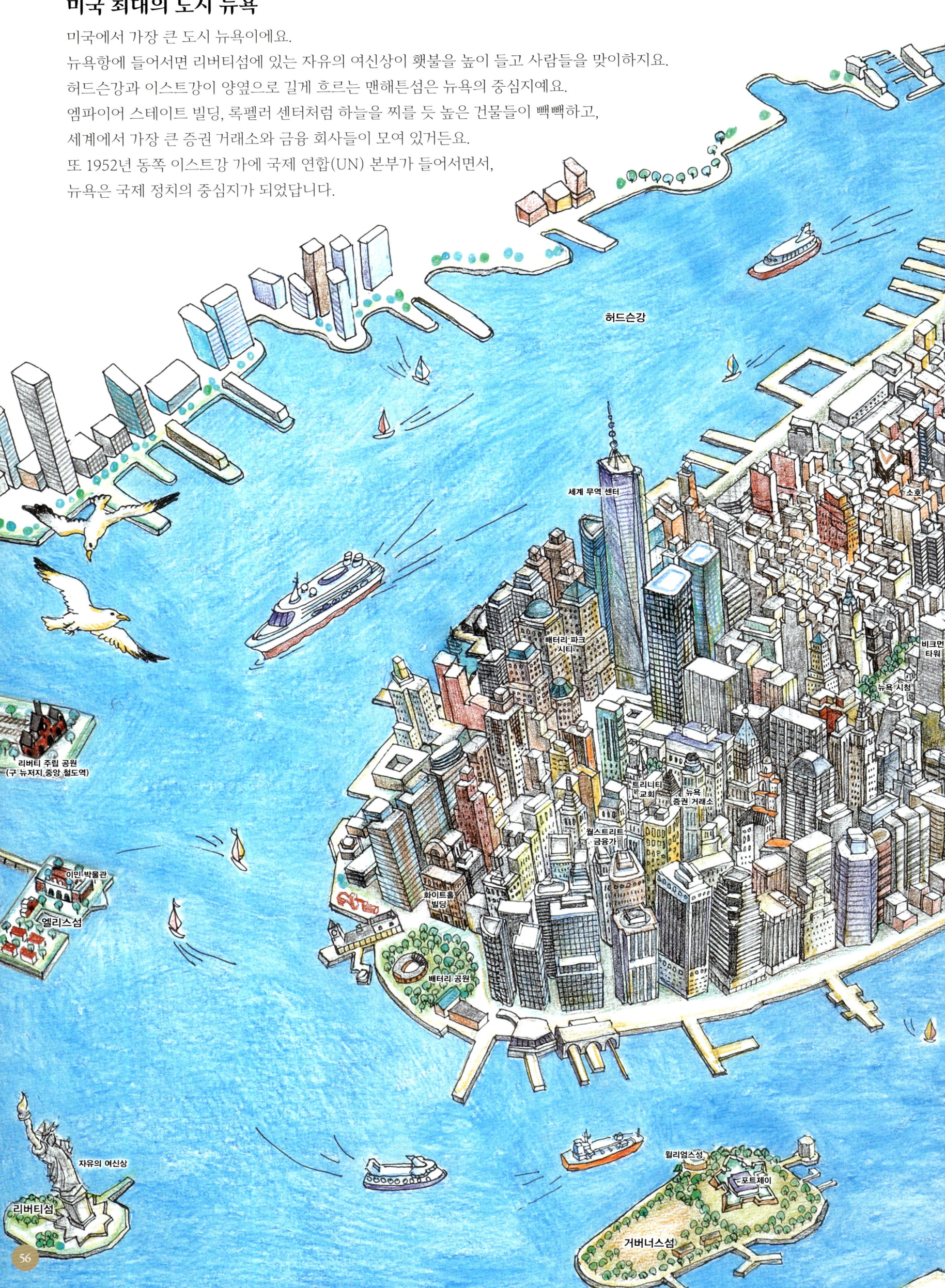

북아메리카 프레리 초원

캠핑카가 끝없이 평평한 들판을 달리고 있어요.
동서로 1000킬로미터, 남북으로 2000킬로미터에 이르는 미국 중앙의 드넓은 초원, 프레리예요.
이곳에서는 주로 밀과 옥수수 농사를 짓는데, 사람 손으로는 감당할 수 없을 만큼 규모가 커서 대부분 기계를 이용해요.
프레리 동쪽으로는 미시시피강이 흘러요.
미국 북쪽에서부터 6000킬로미터 넘도록 구불구불 흘러서 남쪽 멕시코만으로 들어가지요.
미시시피강은 흐르면서 밀과 옥수수, 목화 재배 지역에 필요한 물을 충분히 공급한답니다.

- 미국은 세계에서 밀과 옥수수를 가장 많이 수출해 온 나라예요.
- 오래전 드라마로도 만들어져 유명했던 로라 잉걸스 와일더의 동화 《초원의 집》은 1870년대 프레리 지역의 삶을 그리고 있어요.
- 로키산맥과 프레리 초원 사이의 건조 지역에서는 가축을 놓아기르는 목축이 이루어져요. 이곳에서 가공한 쇠고기는 우리나라를 비롯해 전 세계로 수출되지요.

중앙아메리카
멕시코, 과테말라, 쿠바

미국 텍사스주에 있는 도시 엘패소에서 리오그란데강에 놓인 다리를 건너면 멕시코로 이어져요. 캠핑카는 달리고 또 달려 어느덧 중앙아메리카에 들어섰지요. 중앙아메리카는 남북을 이어 주는 좁은 육지와 카리브해의 섬들로 이루어져 있어요. **멕시코**는 일찍이 원주민들이 고대 문명을 꽃피웠던 곳이라, 테오티우아칸이나 치첸이트사의 거대 피라미드를 비롯해 찬란한 유적이 많이 남아 있어요. 수도 멕시코시티와 그 주변 도시들은 아주 높은 지대에 있는데, 날씨가 좋아서 이곳에만 2000만 명이 넘는 사람들이 살고 있어요. 남쪽으로 더 내려가면 멕시코와 함께 마야 문명을 이룩한 **과테말라, 온두라스, 엘살바도르** 같은

◆ 세계의 열대 저기압 ◆

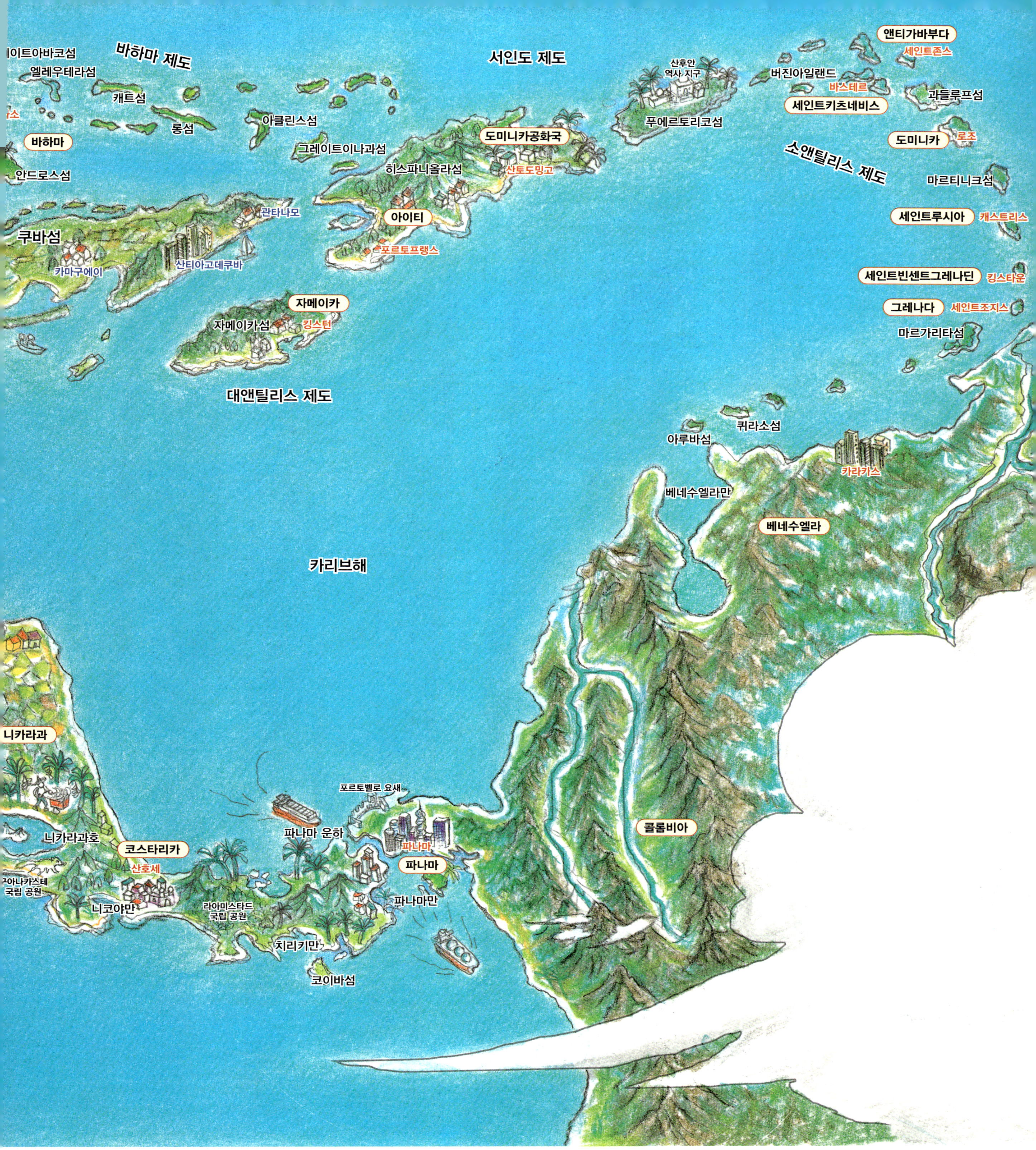

나라들이 있지요. 영화 '카리브해의 해적'에 나오는 바다를 아시나요? 에메랄드빛 바다 위에 7000개 넘는 섬이 펼쳐진 이곳 카리브해랍니다. 사탕수수가 많이 나는 **쿠바**와 **아이티**, **자메이카** 같은 섬나라가 있지요. 여름이 되면 허리케인이 많은 비와 바람을 몰고 와 큰 피해를 주기도 해요. "얘들아, 카리브해의 여러 섬들을 왜 서인도 제도라고 하는 줄 아니?" 엄마가 묻자 온이와 건이는 고개를 갸웃거렸어요. "인도 서쪽이라는 뜻인가?" "인도는 여기서 멀잖아." "콜럼버스가 이곳에 도착했을 때, 여기가 인도 옆인 줄 알고 그렇게 이름 붙였다는구나. 아메리칸 원주민을 '인디언'이라고 부르게 된 것도 같은 이유지."

이곳은 파나마 운하야. 대서양과 태평양을 이어 주는 인공 물길이란다.

남아메리카 1
페루, 볼리비아, 브라질

남아메리카 서쪽에는 세계에서 가장 긴 안데스산맥이 뻗어 있어요. 페루, 칠레, 콜롬비아, 볼리비아를 비롯한 7개 나라에 걸쳐 7000킬로미터 넘게 이어지지요. **페루**는 안데스 산지에 꽃피었던 고대 잉카 문명의 나라랍니다. 잉카 제국의 수도였던 쿠스코는 해발 3000미터가 넘는 높은 지대에 있어요. 근처 마추픽추 유적지에는 잉카인들의 집과 계단식 밭이 잘 보존되어 있지요. **볼리비아**와 페루 사이에는 백두산보다 1000미터 이상 높은 곳에 티티카카호가 있고, 남쪽으로는 먼 옛날 바다였던 곳이 솟아올라 만들어진 우유니 소금 사막이 있답니다. 끝없이 펼쳐진 새하얀 사막과 파란 하늘이 어우러져, 천국에 온 듯 환상적인 풍경

◆ 세계의 주요 축제 ◆

일본 삿포로 눈 축제

이탈리아 베네치아 가면 축제

영국 런던 노팅힐 축제

몽골 나담 축제

브라질 리우 카니발

을 자랑하지요. "아빠, 왜 낮은 곳에서 안 살고 수천 미터나 되는 높은 곳에 도시를 세웠을까요?" "이 지역은 적도에 가까운 열대 기후 지역이라 낮은 곳은 너무 더워서 살기 힘들지. 오히려 높은 산지는 1년 내내 영상 10도 정도라 살기에 딱 좋거든." **브라질** 하면 무엇이 떠오르나요? 누군가는 향긋한 커피를, 누군가는 축구를 떠올리겠죠. 아니면 화려한 삼바 춤을 떠올릴지도 몰라요. 해마다 2월 말에 열리는 삼바 축제 리우 카니발에는 전 세계 사람들이 몰려들지요. 안데스산맥에서 시작해 6500여 킬로미터를 흘러 대서양으로 들어가는 아마존강의 중류 지역에는 세계에서 가장 큰 열대 우림이 있답니다.

아마존 열대 우림

아마존 열대 우림은 한낮에도 어두컴컴한 곳이 많아요.
크고 작은 나무들이 층층이 우거져 하늘을 가리고 있거든요.
아마존 열대 우림은 지구 산소의 4분의 1을 만들어 내고 있어,
'지구의 허파'라 불리기도 해요.
이곳에는 지구에 사는 생물 종류의 절반이 살고 있어요.
날카로운 이빨을 지닌 육식 물고기 피라냐랑
이구아나, 아나콘다 같은 무시무시한 파충류도 살지요.
온갖 화려한 새들과 나무늘보, 분홍돌고래 같은 신기한 동물들도 살고요.
그런데 안타깝게도 아마존의 울창한 숲이 빠른 속도로 사라지고 있어요.
사람들이 가축을 기르거나 농사지을 땅을 만들기 위해
나무들을 계속 베어 내고 있기 때문이지요.

◆ 아마존 열대 우림은 남아메리카 전체 면적의 약 30퍼센트를 차지해요.

◆ 지난 수십 년 동안의 개발로 아마존 숲은 이미 10퍼센트 이상 사라졌어요.

◆ 나무를 베어 낸 곳에는 대부분 소를 기르는 목초지를 만들고, 여기서 나온 쇠고기가 햄버거 재료로 쓰인다고 해서 '아마존의 햄버거화'라는 말까지 생겨났어요.

강아지 꼬리처럼 살짝 꼬부라진 남아메리카 남단에는 칠레와 아르헨티나, 우루과이가 있어요.
칠레는 남북으로 길게 뻗은 독특한 모양의 나라답게 기후도 아주 다양해요.
북쪽에는 건조한 사막이 있는가 하면, 수도 산티아고에는 온화한 지중해성 기후가 나타나고, 남쪽에는 눈과 빙하가 많답니다.
대초원 팜파스가 있는 **아르헨티나**는 목축업이 발달해서, 1인당 육류 소비량이 세계에서 가장 많지요. 아르헨티나는 정열적인 탱고 춤과 음악으로도 유명해요.
캠핑카는 드디어 아메리카 대륙 끝자락에 있는 칠레 푼타아레나스에 도착했어요.

사우스조지아섬

대 서 양

동포클랜드섬
서포클랜드섬
발데스반도 자연 보호 구역
추부트강
산호르헤만
파타고니아
산발렌틴산 (4058m)
마젤란 해협
티에라델푸에고섬
우수아이아
푼타아레나스
드레이크 해협
남극 대륙

우리 가족 만세!
와, 드디어 땅 끝에 도착했어!
아메리카 대륙 정말 근사했지?

더 가 보아요!

바다로 이루어진 북극

북극곰이 살고 있는 북극은 유라시아와 아메리카 대륙으로 둘러싸인 거대한 얼음 바다예요. 바다인 북극은 대륙인 남극보다 조금 따뜻한 편이에요. 남극 대륙을 뒤덮은 두꺼운 얼음은 햇빛을 반사하지만, 드문드문 녹아 있는 북극의 바다는 햇빛을 흡수하고 저장하기 때문이에요. 북극이나 남극이나 여름에는 태양이 하루 종일 지지 않고(백야), 겨울에는 하루 종일 태양이 뜨지 않아요(극야). 지구의 북쪽 끝 북극점에 가장 먼저 도달한 사람은 미국의 탐험가 '로버트 피어리'라고 알려져 있어요.

북극해와 주변 땅은 눈과 얼음으로 덮여 있지만, 오래전부터 에스키모나 퉁구스족 등이 거친 환경에 적응하여 살아 왔어요. 에스키모는 고기와 생선을 주로 먹고 동물 가죽으로 만든 옷을 입으며 눈을 벽돌처럼 뭉쳐 이글루를 짓고 생활했지요. 하지만 지금은 극지방의 생활도 점차 현대화되어 우리와 별반 다르지 않은 생활을 하고 있어요.

최근 지구의 기온이 올라가면서 북극해의 얼음이 녹아내리고 있어요. 북극의 얼음이 녹으면서 물범 등을 사냥하며 살아가는 북극곰이 살기 어려워지고, 바닷물 높이가 높아지면서 작은 섬들이 물에 잠기는 일이 벌어지기도 해요.

북극은 석유 같은 자원이 많고, 북반구 나라들 사이에서 항공기로 이동할 때 가장 짧은 거리로 갈 수 있는 길목이라 많은 나라들이 관심을 가지고 있어요. 또한 여러 나라들이 극지방에 과학 기지를 설치해서, 기후와 기상을 비롯한 과학 연구와 광물 탐사를 하고 있지요. 우리나라도 2002년 4월 29일, 세계에서 12번째로 북극에 '다산 과학 기지'를 세웠답니다.

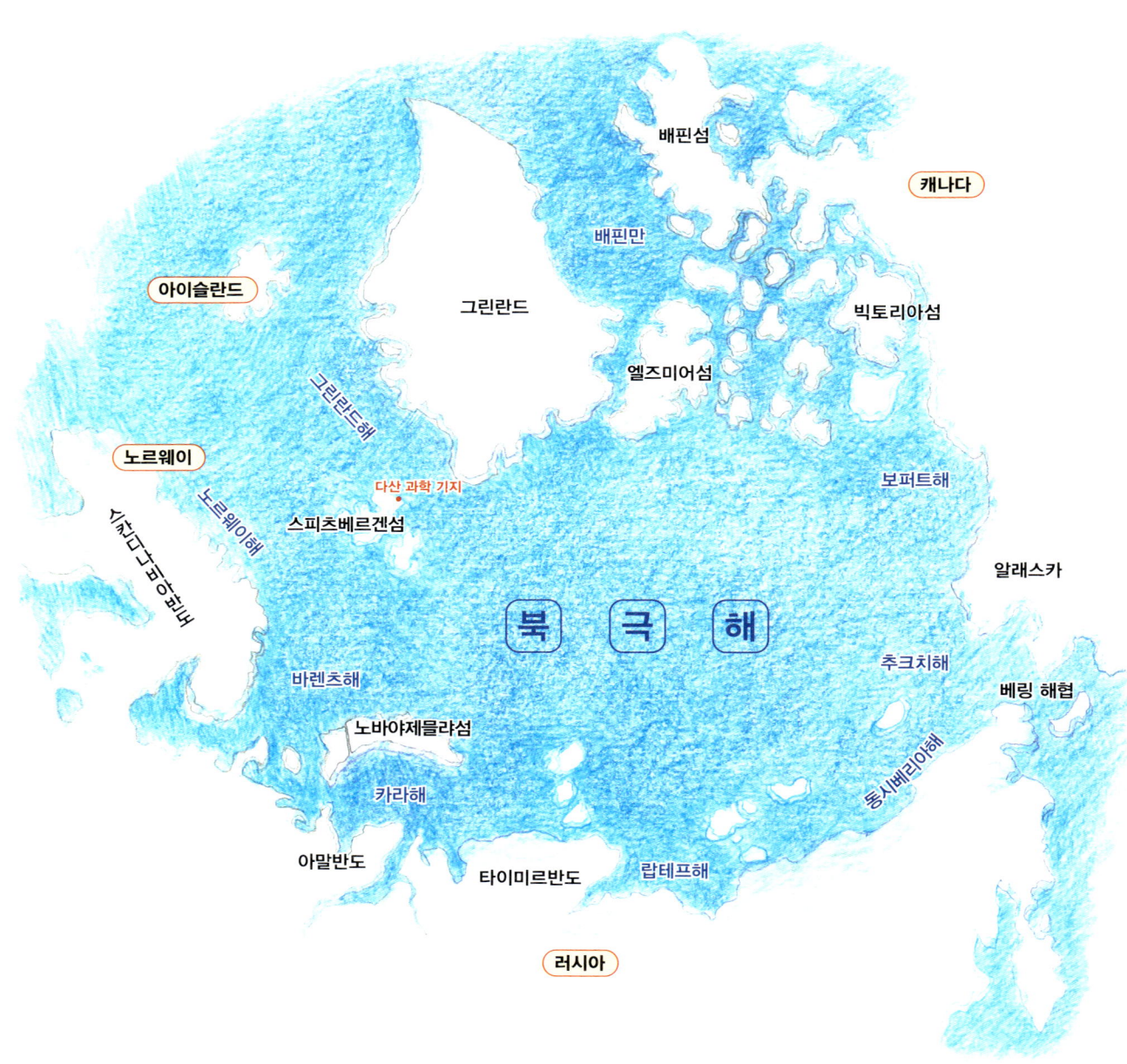

대륙으로 이루어진 남극

펭귄이 살고 있는 남극은 지구 육지 면적의 9.2퍼센트를 차지하는 커다란 대륙이에요. 남극해라는 큰 바다로 둘러싸여 있지요. 남극 대륙은 대부분이 두꺼운 얼음 덩어리로 뒤덮여 있는데, 평균 두께가 2000미터가 넘고 가장 두꺼운 곳은 약 4000미터나 되지요. 남극의 얼음은 땅 위에 내린 눈이 녹지 않고 쌓이고 또 쌓여서 만들어졌어요. 남극 대륙은 이 얼음 무게 때문에 대부분 바다 아래에 잠겨 있어요. 대륙이기 때문에 화산도 폭발하고 가끔씩 지진도 일어나지요. 지구의 남쪽 끝인 남극점에는 노르웨이 탐험가 로알 아문센이 가장 먼저 도달했어요.

남극은 8월 무렵이 영하 70도 전후로 가장 추운데, 1983년 7월에는 러시아의 보스토크 기지의 기온이 영하 89.2도까지 떨어진 적도 있지요. 이렇게 너무 춥고 바람이 세차다 보니 남극에는 사람이 살기 어려워요. 그래서 북극과 달리 남극에는 원주민이 없고, 예전에 누군가 살았던 흔적도 찾을 수 없지요. 그저 세계 여러 나라에서 온 과학자들이 남극을 연구하기 위해 머무를 뿐이랍니다. 우리나라도 1988년 2월 17일 남극 킹조지섬에 '세종 과학 기지'를 세웠어요. 그리고 26년 뒤인 2014년 2월 12일에는 두 번째 남극 기지인 '장보고 과학 기지'를 세워 남극의 기후와 자원 등을 연구하고 있답니다. 2003년에는 세종 과학 기지에서 일하던 젊은 과학자 '전재규'가 동료를 태운 보트를 구조하러 갔다가 사망한 안타까운 일이 벌어졌어요. 그 뒤 2004년에 미국 지질 연구팀이 남극에서 해저 화산을 하나 발견했는데, 과학자 전재규의 희생정신을 기리기 위해 '전재규 화산'이라고 이름 붙였답니다.

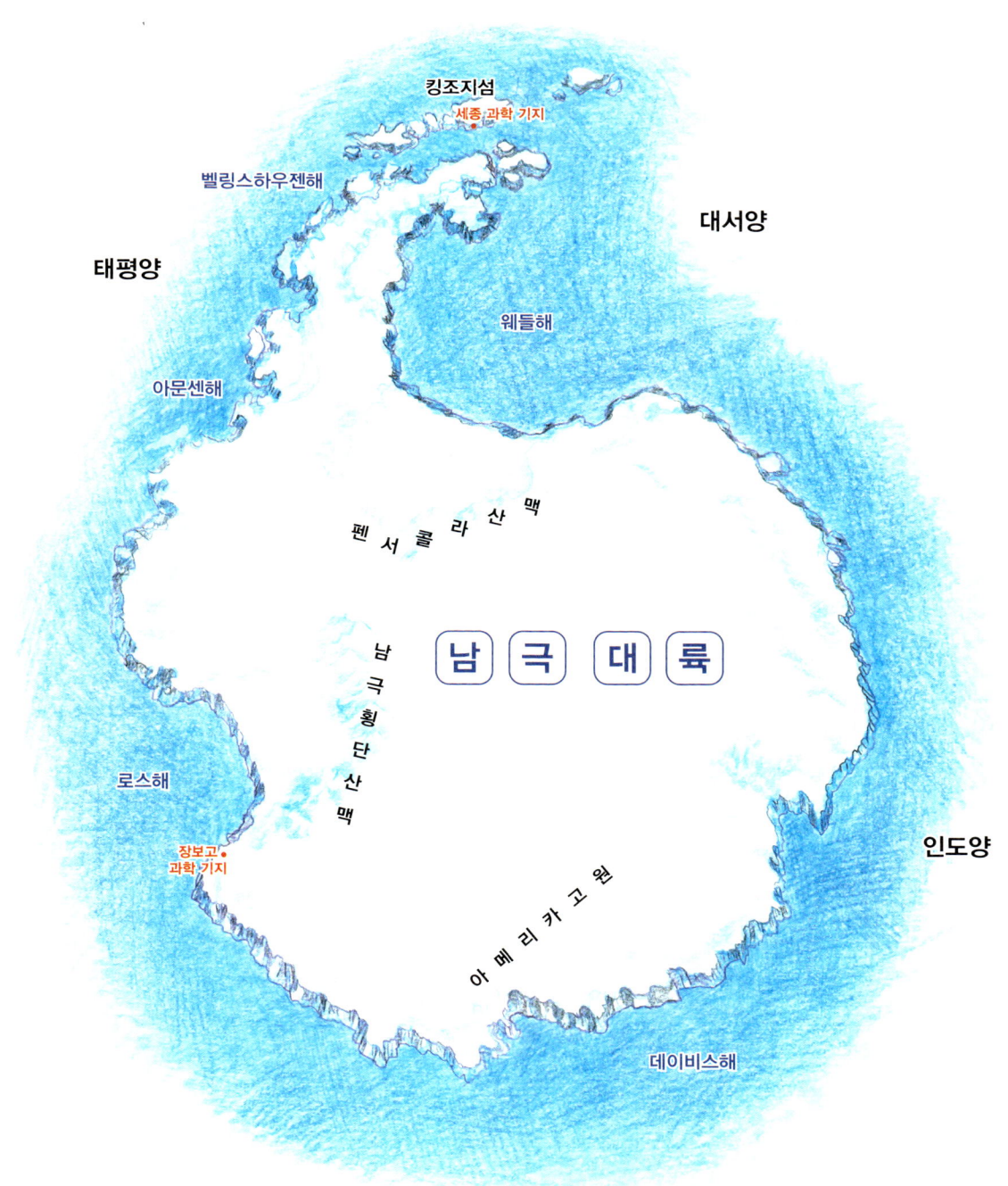

🌐 세계 지도 보는 법

세계 지도를 살펴보아요. 우리나라가 어디 있는지 찾았나요? 찾았다면 우리나라의 위치를 어떻게 설명할 수 있을까요? 위도와 경도를 이용하면 우리나라뿐 아니라 다른 나라의 위치도 정확하게 나타낼 수 있어요.

세계 지도에 가로세로로 그어진 줄들이 보이지요? 바로 위도와 경도를 표시하는 줄이랍니다. 가로줄은 위도를 표시한 위선이고, 세로줄은 경도를 표시한 경선이지요.

지구를 가로로 정확하게 반으로 나눈 선인 0도 선을 적도라고 해요. 위도는 적도를 기준으로 북극과 남극까지 각각 90도로 나눈 거예요. 적도보다 북쪽에 있는 위도를 북위라고 하고, 적도보다 남쪽에 있는 위도를 남위라고 해요. 우리나라는 북위 33도에서 43도 사이에 자리 잡고 있어요. 우리나라와 지구 반대편 남쪽에 있는 나라 사이에는 계절이 서로 반대로 나타난답니다.

경도는 지구를 세로로 나누어 북극과 남극을 잇는 줄이에요. 영국의 그리니치 천문대를 지나는 세로줄을 경도 0도로 정하고, 동쪽과 서쪽으로 각각 180도씩 나누었어요. 그리고 영국을 지나는 경도 0도 선을 세계 표준 경선으로 삼아서, 동쪽으로 갈수록 시간이 빨라지고 서쪽으로 갈수록 시간이 늦어지는 것으로 정했지요. 따라서 동경 180도 선과 서경 180도 선이 만나는 선이 날짜 변경선이 된답니다. 날짜 변경선은 실제로 직선으로 나타나지는 않지만, 이 날짜 변경선을 기준으로 동쪽에서 서쪽으로 넘어가면 날짜가 하루 빨라지고 반대편으로 넘어가면 하루가 늦어집니다. 우리나라는 동경 124도에서 132도 사이에 있어요. 우리나라와 경도상으로 정반대에 있는 나라는 우리나라와 낮과 밤이 반대가 됩니다. 세계 각국은 경선에 따라 그 국가의 표준시를 정하는데, 미국이나 러시아, 캐나다처럼 땅이 넓은 나라는 여러 개의 표준시를 사용하기도 하지요.

🌐 찾아보기

가나 ◆ 26, 28
가보로네 ◆ 30
가봉 ◆ 26, 30
가이아나 ◆ 51, 62
감비아 ◆ 26, 28
갠지스강 ◆ 22, 36, 37
과테말라 ◆ 51, 60
그레나다 ◆ 61
그레이트디바이딩산맥 ◆ 8, 42
그리스 ◆ 4, 7
기니 ◆ 26, 28
기니비사우 ◆ 26, 28
나미비아 ◆ 26, 30
나이로비 ◆ 31
나이저강 ◆ 28
나이지리아 ◆ 26, 28
나일강 ◆ 28, 29
남극 ◆ 43, 67, 68~71
남수단 ◆ 26, 29
남아프리카공화국 ◆ 26, 30
남중국해 ◆ 40
남해 ◆ 46
네덜란드 ◆ 4, 11
네팔 ◆ 22, 27, 37, 38
노르웨이 ◆ 4, 12, 68, 69
누악쇼트 ◆ 28
뉴델리 ◆ 36
뉴욕 ◆ 51, 54, 55, 56, 57
뉴질랜드 ◆ 38, 42, 43
니아메 ◆ 28
니제르 ◆ 26, 28
니카라과 ◆ 51, 61
다뉴브강 ◆ 7, 9, 11, 16
다르에스살람 ◆ 26, 31
다마스쿠스 ◆ 34
다카 ◆ 37
다카르 ◆ 26, 28
대보초 ◆ 43, 44
대한민국 ◆ 5, 23, 27, 46~49
더블린 ◆ 10
덴마크 ◆ 4, 11, 12, 13
도도마 ◆ 31
도미니카 ◆ 61
도미니카공화국 ◆ 51, 61
도쿄 ◆ 27, 47
도하 ◆ 34
독일 ◆ 4, 9, 10, 11, 12, 13
동중국해 ◆ 23, 46
동티모르 ◆ 41
동해 ◆ 47
두바이 ◆ 26, 35
두샨베 ◆ 18
딜리 ◆ 41
라바트 ◆ 28
라오스 ◆ 27, 40
라이베리아 ◆ 26, 28

라인강 ◆ 9, 11
라트비아 ◆ 4, 12, 16
라파스 ◆ 63
라플란드 ◆ 13
래브라도해 ◆ 53
러시아 ◆ 4, 13, 16, 17, 18, 19, 22, 23, 47, 52, 53, 68, 69, 71
런던 ◆ 10, 70
레나강 ◆ 19
레바논 ◆ 26, 34
레소토 ◆ 26, 30
로마 ◆ 6, 7
로메 ◆ 28
로스앤젤레스 ◆ 54
로스토크 ◆ 4, 11, 12
로키산맥 ◆ 8, 52, 54, 59
론강 ◆ 6, 8
루마니아 ◆ 4, 16
루사카 ◆ 30
루안다 ◆ 30
룩셈부르크 ◆ 4, 9, 11
류블랴나 ◆ 7
르완다 ◆ 26, 31
리가 ◆ 16
리구리아해 ◆ 7, 9
리마 ◆ 62
리브르빌 ◆ 30
리비아 ◆ 26, 28
리스본 ◆ 4, 6
리야드 ◆ 34
리오그란데강 ◆ 54, 60
리옹 ◆ 8
리우데자네이루 ◆ 51, 63
리투아니아 ◆ 4, 16
릴롱궤 ◆ 31
마나과 ◆ 60
마나우스 ◆ 51, 62
마닐라 ◆ 41
마다가스카르 ◆ 26, 30, 31
마드리드 ◆ 4, 6
마세루 ◆ 30
마케도니아 ◆ 4, 7
마푸투 ◆ 30
말라보 ◆ 28, 30
말라위 ◆ 26, 31
말레이시아 ◆ 27, 40
말리 ◆ 26, 28
머리강 ◆ 42
메카 ◆ 34
메콩강 ◆ 22, 40
멕시코 ◆ 50, 51, 54, 60
멜버른 ◆ 42, 43
모가디슈 ◆ 29, 31
모나코 ◆ 4, 7, 9
모로코 ◆ 4, 6, 26, 28
모리셔스 ◆ 31

모리타니 ◆ 26, 28
모스크바 ◆ 4, 16, 17, 18
모잠비크 ◆ 26, 30
몬로비아 ◆ 28
몬테네그로 ◆ 4, 7
몬테비데오 ◆ 63, 66
몬트리올 ◆ 53, 55
몰도바 ◆ 4, 16
몰타 ◆ 4, 7
몽골 ◆ 4, 5, 6, 19, 22, 23, 62
무스카트 ◆ 35
뭄바이 ◆ 26, 36
미국 ◆ 16, 22, 50, 51~59, 60, 69, 71
미시시피강 ◆ 28, 55, 58
미얀마 ◆ 27, 37, 40
미주리강 ◆ 53, 54
민스크 ◆ 16
밀라노 ◆ 7
바그다드 ◆ 34
바누아투 ◆ 43
바렌츠해 ◆ 13, 68
바르샤바 ◆ 16
바르셀로나 ◆ 6
바티칸 ◆ 4, 7
바하마 ◆ 55, 61
반다르스리브가완 ◆ 40
반줄 ◆ 28
발레타 ◆ 7
발트해 ◆ 11, 12, 16
방글라데시 ◆ 27, 37
방기 ◆ 29
방콕 ◆ 40
백해 ◆ 13
밴쿠버 ◆ 51, 52
베냉 ◆ 26, 28
베네수엘라 ◆ 34, 51, 61, 62
베네치아 ◆ 7
베를린 ◆ 4, 10, 11
베링해 ◆ 52
베오그라드 ◆ 7, 16
베이루트 ◆ 34
베이징 ◆ 4, 5, 23, 24, 25, 46
베트남 ◆ 27, 40
벨기에 ◆ 4, 11
벨라루스 ◆ 4, 16
벨리즈 ◆ 51, 60
벨모판 ◆ 60
보고타 ◆ 51, 62
보르네오해 ◆ 40
보스니아헤르체고비나 ◆ 4, 7
보스턴 ◆ 54, 55
보츠와나 ◆ 26, 30
보퍼트해 ◆ 52, 68
보하이해 ◆ 46
볼가강 ◆ 17, 18
볼리비아 ◆ 51, 63

부다페스트 ◆ 7, 16
부룬디 ◆ 26, 31
부르키나파소 ◆ 26, 28
부에노스아이레스 ◆ 51, 63, 66
부줌부라 ◆ 31
부쿠레슈티 ◆ 16
부탄 ◆ 22, 27, 37, 38
북극 ◆ 52, 68~71
북해 ◆ 11, 12
불가리아 ◆ 4
브라마푸트라강 ◆ 22, 37
브라자빌 ◆ 30
브라질 ◆ 16, 22, 42, 50, 51, 62, 63
브라티슬라바 ◆ 16
브루나이 ◆ 27, 40
브뤼셀 ◆ 11
블라디보스토크 ◆ 16, 18, 23, 47
블룸폰테인 ◆ 30
비사우 ◆ 28
비슈케크 ◆ 18
비엔티안 ◆ 40
빈 ◆ 4, 9, 11
빈트후크 ◆ 30
빌뉴스 ◆ 16
사나 ◆ 34
사라예보 ◆ 7
사모아 ◆ 43
사우디아라비아 ◆ 26, 29, 34~36
산마리노 ◆ 4, 7
산살바도르 ◆ 60
산티아고 ◆ 51, 66
산호세 ◆ 61
산호해 ◆ 43
상투메프린시페 ◆ 30
상트페테르부르크 ◆ 4, 13, 16
상프란시스쿠강 ◆ 63
샌프란시스코 ◆ 54
서사하라 ◆ 26, 28
세네갈 ◆ 26, 28
세르비아 ◆ 4, 7, 16
세인트로렌스강 ◆ 53, 55
세인트루시아 ◆ 61
세인트빈센트그레나딘 ◆ 61
세인트키츠네비스 ◆ 61
셀바스 ◆ 62
소말리아 ◆ 26, 29, 31
솔로몬 ◆ 43
수단 ◆ 26, 29, 34
수리남 ◆ 51
수크레 ◆ 63
술라웨시해 ◆ 41
스리자야와르데네푸라코테 ◆ 36
스와질란드 ◆ 26, 30
스웨덴 ◆ 4, 11, 12
스위스 ◆ 4, 7~9, 40
스칸디나비아산맥 ◆ 8, 13

스코페 ◆ 7
스톡홀름 ◆ 12
슬로바키아 ◆ 4, 16
슬로베니아 ◆ 4, 7
시드니 ◆ 43
시리아 ◆ 4, 26, 34
시베리아 ◆ 16, 18~21
시에라리온 ◆ 26, 28
시카고 ◆ 51, 55
아드리아해 ◆ 7, 9
아디스아바바 ◆ 29, 31
아라비아해 ◆ 35, 36
아랍에미리트 ◆ 26, 34, 35
아르메니아 ◆ 4
아르헨티나 ◆ 51, 63, 66
아마존 ◆ 28, 62~65
아바나 ◆ 55, 60
아부다비 ◆ 35
아부자 ◆ 28
아순시온 ◆ 63, 66
아스마라 ◆ 29
아스타나 ◆ 18
아시가바트 ◆ 18, 35
아이슬란드 ◆ 4, 51, 68
아이티 ◆ 51, 61
아일랜드 ◆ 4, 10
아제르바이잔 ◆ 4, 18, 34
아조프해 ◆ 17
아크라 ◆ 28
아프가니스탄 ◆ 5, 26, 35
안다만해 ◆ 37, 40
안데스산맥 ◆ 8, 62, 66
안도라 ◆ 4, 6
안타나나리보 ◆ 31
알래스카 ◆ 52, 53, 68
알바니아 ◆ 4, 7
알제 ◆ 6, 28
알제리 ◆ 4, 6, 26, 28
알프스산맥 ◆ 7~9, 11
암만 ◆ 34
암스테르담 ◆ 11
앙골라 ◆ 26, 30
앤티가바부다 ◆ 61
야노스 ◆ 62
야무수크로 ◆ 28
야운데 ◆ 28
에게해 ◆ 7
에리트레아 ◆ 26, 29
에스토니아 ◆ 4, 13, 16
에스파냐 ◆ 4, 6
에콰도르 ◆ 51, 52
에티오피아 ◆ 26, 29, 31
엘살바도르 ◆ 51, 60
엘아이운 ◆ 28
엘패소 ◆ 51, 54
영국 ◆ 4, 8, 10, 37, 39, 53, 54, 62, 71

예니세이강 ◆ 19
예루살렘 ◆ 34
예멘 ◆ 26, 34
오대호 ◆ 53, 55
오를레앙 ◆ 8
오만 ◆ 26, 35
오비강 ◆ 18, 19, 28
오스트레일리아 ◆ 27, 41~45
오스트리아 ◆ 4, 8, 9, 11
오슬로 ◆ 12
오클라호마시티 ◆ 51, 55
오타와 ◆ 52, 53
오호츠크해 ◆ 47
온두라스 ◆ 51, 60
옴스크 ◆ 5, 18
와가두구 ◆ 28
요르단 ◆ 26, 34
우간다 ◆ 26, 31
우랄산맥 ◆ 8, 17, 18
우루과이 ◆ 51, 63, 66
우루과이강 ◆ 63, 66
우즈베키스탄 ◆ 5, 18, 19
우크라이나 ◆ 4, 16
울란바토르 ◆ 5, 19, 22
울란우데 ◆ 5, 18, 19, 22
워싱턴 D.C. ◆ 51, 54, 55
유프라테스강 ◆ 34
은자메나 ◆ 28
음바바네 ◆ 30
이라와디강 ◆ 37, 40
이라크 ◆ 4, 26, 34
이란 ◆ 4, 18, 26, 34, 35
이르쿠츠크 ◆ 5, 18, 19
이스라엘 ◆ 26, 34, 36
이오니아해 ◆ 7
이집트 ◆ 26, 29, 34
이탈리아 ◆ 4, 6, 7, 9, 40, 62
인더스강 ◆ 35, 36
인도 ◆ 5, 22, 27, 35~38, 61
인도네시아 ◆ 22, 27, 40, 41
일본 ◆ 23, 27, 40, 46, 47, 62
자그레브 ◆ 7
자메이카 ◆ 61, 62
자바해 ◆ 40
자카르타 ◆ 27, 40
잘츠부르크 ◆ 4, 9
잠비아 ◆ 26, 30
적도기니 ◆ 26, 28, 30
제주도 ◆ 23, 26, 27, 46~49
조지아 ◆ 4
조지타운 ◆ 62
주바 ◆ 29
중국 ◆ 4, 5, 16, 19, 22~25, 27, 36, 38, 40, 42, 46, 47
중앙아프리카공화국 ◆ 26, 29
지부티 ◆ 26, 29

짐바브웨 ◆ 26, 30
차드 ◆ 26, 28
창장강 ◆ 23, 28
체코 ◆ 4, 11
취리히 ◆ 4, 9
칠레 ◆ 51, 66
카라카스 ◆ 61, 62
카리브해 ◆ 61, 62
카메룬 ◆ 26, 28
카불 ◆ 35
카사블랑카 ◆ 26, 28
카스피해 ◆ 17, 18, 34
카이로 ◆ 29
카자흐스탄 ◆ 5, 17~19
카타르 ◆ 26, 34
카트만두 ◆ 22, 37
캄보디아 ◆ 27, 40
캄팔라 ◆ 31
캐나다 ◆ 16, 34, 42, 50~55, 68, 71
캔버라 ◆ 43
컬럼비아강 ◆ 52, 54
케냐 ◆ 26, 30, 31, 42
케언스 ◆ 27, 42
케이프타운 ◆ 26, 30
코나크리 ◆ 28
코모로 ◆ 31
코소보 ◆ 4, 7
코스타리카 ◆ 51, 61
코트디부아르 ◆ 26, 28
코펜하겐 ◆ 12
콜로라도강 ◆ 54
콜롬보 ◆ 36
콜롬비아 ◆ 51, 61, 62
콩고 ◆ 26, 30
콩고강 ◆ 30
콩고민주공화국 ◆ 26, 30
쿠바 ◆ 51, 55, 60
쿠알라룸푸르 ◆ 40
쿠웨이트 ◆ 26, 34, 35
크로아티아 ◆ 4, 7
키갈리 ◆ 31
키르기스스탄 ◆ 5, 18, 19
키시너우 ◆ 16
키이우 ◆ 16
키토 ◆ 62
킨샤사 ◆ 30
타이 ◆ 27, 40
타이베이 ◆ 41
타이완 ◆ 27, 41
타지키스탄 ◆ 5, 18, 19
탄자니아 ◆ 26, 31
탈린 ◆ 13
태즈먼해 ◆ 43
테구시갈파 ◆ 60
테헤란 ◆ 18, 34
템스강 ◆ 10

톈산산맥 ◆ 19, 22
토고 ◆ 26, 28
토론토 ◆ 52, 53
통가 ◆ 43
투르크메니스탄 ◆ 4, 18, 19, 35
투발루 ◆ 43
튀니스 ◆ 7, 28
튀니지 ◆ 4, 7, 26, 28
튀르키예 ◆ 4, 26, 34, 40
트리니다드토바고 ◆ 62
트리폴리 ◆ 28
티그리스강 ◆ 34
티라나 ◆ 7
티레니아해 ◆ 7
티모르해 ◆ 41, 42
팀푸 ◆ 22, 37
파나마 ◆ 51, 61, 62
파라과이 ◆ 51, 63, 66
파라나강 ◆ 63, 66
파라마리보 ◆ 62
파리 ◆ 4, 8
파키스탄 ◆ 5, 26, 35~38
파푸아뉴기니 ◆ 27, 41, 44
팔라우 ◆ 41
팜파스 ◆ 66
페루 ◆ 51, 62
포강 ◆ 7, 9
포드고리차 ◆ 7
포르토노보 ◆ 28
포르투갈 ◆ 4, 6
포트모르즈비 ◆ 41
폴란드 ◆ 4, 11, 16, 17
푼타아레나스 ◆ 51, 67
프놈펜 ◆ 40
프라하 ◆ 11
프랑스 ◆ 4, 6, 8, 10, 53, 57
프랑스령 기아나 ◆ 51, 62
프레리 ◆ 53, 54, 58, 59
프리슈티나 ◆ 7
프리타운 ◆ 28
프리토리아 ◆ 30
피레네산맥 ◆ 6, 8
피지 ◆ 43
핀란드 ◆ 4, 12~16
필라델피아 ◆ 54, 55
필리핀 ◆ 27, 41
하노이 ◆ 40
하라레 ◆ 30
하르툼 ◆ 29
헝가리 ◆ 4, 7, 16
헬싱키 ◆ 4, 12, 13, 16
홍해 ◆ 29, 34
황해 ◆ 23, 46
황허강 ◆ 22, 23, 46
흑해 ◆ 16
히말라야산맥 ◆ 8, 22, 37~39